平凡社新書
638

日本の7大商社

世界に類をみない最強のビジネスモデル

久保巖
KUBO IWAO

HEIBONSHA

日本の7大商社●目次

序章　商社の源流を探る

「商」の思想＝商社事始め

人間ないしは人類と、ほかの動物との、社会的行動上の最大の違いは、人間が交換・トレード（つまりは「商い」）をする生き物である、ということだろう。

我々は物財やサービスの直接交換、あるいは貨幣・通貨を媒介とした間接交換を行ない「ホモ・コムニカンス（通商・交易する人間）」として、知的好奇心をともないながら地理的空間の拡大を遂げてきた。

そもそも商社の「商」とはどういう意味なのか。商とは、そもそも高いところ、例えば丘の上に立ち獲物や事象との距離を計る、という意味があるようである。

そういえば、ポルトガル人のバスコ・ダ・ガマが、一四九七年にインド航路の発見に至るまで、東西を結ぶシルクロードを往来したゾグド人（商胡）など多くの民族の隊商たちが、カイバル峠や天山山脈を越えてユーラシアを往来し、多くの産品とそれにともない東西文化を運んだ。

一方、レバノン人やシリア人が活躍したはるか昔の時代から、名もない多くの船乗りや海商たちが海洋交易を切り開いてきた。おもに地中海やアラビア海を舞台に活動してきた海商たちは、時が下り、中世イタリア商人が活躍するルネサンスの花を開かせる一つのもととなった。ちなみに現代ビジネスマンにとって必須の会計学の複式簿記は、一四世紀にイタリア商人により発明され、最初は数学の一環として取り上げられ、さらには商業を発展させることになる。また、一二世紀から一三世紀には、バルト海を中心に活躍した商人による、商業都市同盟であるハンザ同盟が欧州北部で形成された。

やがてポルトガルやスペインの船隊による交易の舞台も大西洋へ、その後、インド洋、南シナ海へと広がっていった。そして、オランダやイギリスの東インド会社など初期の株式会社制度の組織体によって、海による商業勢力圏はさらに広がることになる。

時を経て一九世紀から二〇世紀初期にかけて英国ロンドン・シティでは、七つの海と欧州大陸を舞台に活躍した、マーチャントバンク（貿易商社から投融資銀行へと変質）が国際金融面で大活躍することになる。当時の国際基軸通貨であるポンドを背景に、商業資本が金融資本へと転化したものである。

わが国で商業や貿易の重要性を指摘したのは、福澤諭吉である。彼は「尚商立国論」のなかでこのように述べている。

英国は世界第一の貿易国にして、世界第一の冨国なり。冨国なるがゆえに貿易に従事するにあらずして貿易に従事する故に益其富に加ふるのみ。富は貿易より生ず、富の貿易を生ずるにあらざるなり（時事新報社説「国を富強するは貿易を盛大にするに在り」明治一七年一月一六日）

また、『西洋事情』（備考）のなかの「商人会社」の項では、以下のように書かれてある。

西洋の風俗にて大商売をなすに、一商人の力に及ばざれば五人あるいは十人、仲間を結びてその事をともにす。これを商人会社と名づく。すでに商社を結べば、商人の仕組み、元金入用の高、年々会計の割合等いっさい書に認めて世間に布告し、アクションと言える手形を売りて金を集む。（以下略）

このなかで初めて商社という言葉が出てくる。

幕末から明治時代初期のわが国の貿易（居留地貿易、商館貿易、御屋敷貿易などという）は、イギリス東インド会社の流れを汲むジャーディン・マセソン商会などの、いわゆる外商の手に九割以上を握られていた。明治政府は富国強兵と殖産興業の立場から、商権確立に朝野を挙げて取り組んでおり、わが国にも商社設立の気運が次第に高まっていった。

ちなみに、当時の居留地貿易の弊害を取り除き、商権確立のための直輸出の奨励をすすめるべきだ、との論を持っていたのは大久保利通で、次のように述べている。

皇国開港以来、外国の形情を察するに、商権は概ね外商の手に有せられ、わが商賈は到底彼の籠絡にかかるを免れず。（中略）退てそのしかる所以の原因を尋ねるに、一は国商の資金薄少なるを以って自重耐久の力なきによるものなり。……以上所述の形状により方今の計を為すにわが国輸出の物品はわが国商をして直ちにこれを海外に廻漕せしむるにあり（土屋喬雄『続日本経済史概要』）

こうした時代背景と気運のなかで三井物産は、一八七六（明治九）年七月に弱冠二九歳の益田孝を総括（社長）として社員一六名でスタートを切った。

益田孝は新潟県佐渡の地役人の長男として生まれた。彼の父は土地柄、鉱山についての知識も豊富で、その知識を買われて幕府の箱館奉行所詰めとなり、孝も同地へ移るが、非凡なところはオランダ語や英語に関心が深かったことである。

一四歳で幕府外国方の通弁（通訳）となり、一七歳で訪欧使節団の一員として三ヵ月余りフランスに滞在している。彼は三井物産設立にあたっての組合約条（定款）に「広ク、皇国物産ノ有余ヲ海外へ輸出シ、内地需要ノ物資ヲ輸入シ普ク宇内万邦ト交通セン事ヲ欲シ……」と謳い、はるか世界との貿易をにらんだものであった。この三井物産設立に際して顧問にロバート・アーウィンなるアメリカ人がいたが、彼は当時、「亜米一」と呼ばれた外商のウォルシ・ホール商会の社員の経験があり、三井物産に洋式（複式）簿記を導入した。

一方、一八五八（安政五）年に初代伊藤忠兵衛は、一五歳で麻布などの持ち下り（行商）を始めたが、一八七二（明治五）年一月には、大阪の東区本町に呉服太物商「紅忠」を、手代一〇名前後で開店する。現在の伊藤忠商事と丸紅のルーツだが、経営理念と人事制度を合わせたような「店法」を定めている。

いずれにしても、幕末から明治時代初期のわが国の貿易は外商の存在が大きかった。しかし、次第にわが国が政府の富国強兵策とともに経済力をつけるに従い、多くの商社が勃興することになる。また岩崎弥太郎が海運業の九十九商会を継承し、一八七三年には三菱商会と改称。多くの事業に進出していた当時の三菱財閥（三菱合資）の営業部から、一九一八（大正七）年四月に独立する形で三菱商事が設立された。

そして、昭和一〇年代には三井物産、三菱商事などの大手は「トリのエサから軍艦まで」といわれるほど、多様な商品の取り扱いと業容の拡大を図り、発展を遂げた。

このため、太平洋戦争終結直後はＧＨＱ（連合国軍総司令部）に睨まれることとなり、一九四七（昭和二二）年に三井物産は約二〇〇社、三菱商事は一三九社に解体させられたのである。

解体した両社の小商社群はその後、それぞれ結集、大合同を果たし、現在の三菱商事は一九五四（昭和二九）年七月に新しく誕生したものである。そして、現在の三井物産は一九五九（昭和三四）年二月に再生したのである。

類をみないビジネスモデル

一九七一年一二月、国際経済問題担当だったアメリカ大統領補佐官ピーターソン氏が、日本の商社についての報告を公表した（ピーターソン報告）。そのなかで、「世界で最も効率的な国際マーケティング・チャンネル」と評価し話題となったことがある。

なぜ、日本にだけその総合商社のような企業形態、及び商社的ビジネスモデルが発展・成長を遂げてきたのか。この基本的な命題に対して、明確な答えは学界を含めていまだに見出されていない。

多国籍企業論や貿易・商務論、流通・マーケティング論などの諸学からのアプローチはなされているが、日々刻々微妙に姿を変化させてきた商社の現状に追いつかない、というのが実状に近いようである。

私なりにこれをまとめると、次のような諸点が挙げられよう。

① 資源小国のわが国が海によって囲まれ、比較的人口稠密であるという地理的条件。

② 明治時代の殖産興業政策と戦後の加工貿易立国で、各社が必需物資を調達するた

めにいち早く海外に拠点を置き、社員に語学力を付けさせるなど人材養成に注力し、現地で人脈形成や販売・購買力を培ったこと。
③　わが国独特の信用供与手段である約束手形などの企業間信用制度の存在。
④　とくに戦後しばらくは外貨を稼ぐため、政府が輸出や外国為替面での優遇措置をとり、それを商社が活用したことや、交際費などへの低率課税などの企業税制の存在。
⑤　③とも絡むが、大手金融機関が一般企業などに向けての融資や育成を、商社金融という形で商社にバッファーとしての役割を求め、これが商社に商権の拡大をもたらしたこと。
⑥　勘定系、人事系、情報系など経営情報・ソリューションシステムの構築に絶えざる努力を払ってきたこと。
⑦　各社が運営上、個人よりも組織・チームプレーを重視し、フォー・ザ・カンパニーを志向したこと。

総合商社は、わが国の多くの事業会社のなかでもほかに類をみない企業形態だが、自国の貿易、輸出奨励策の一環として、かつてはアメリカ、メキシコ、ブラジルなどの諸国でも、わが国のような商社を育成しようと試みたことがあった。しかし、結局は実現しなかった。

上からの官製ではうまくいかず、日本型の商社のように民的商人《あきんど》の考え方と才覚が必要のようである。

むろん現在、世界には総合商社的形態、あるいはそれに近い企業がないわけではない。例えば前述のように、日本を含むアジアと米英で多様な事業活動を行なっているジャーディン・マセソン商会もその一つで、ほかに、世界最大の穀物メジャーであるアメリカのカーギル社、そして韓国最強の財閥である三星グループの貿易商社、三星物産などが挙げられる。

しかしながらこれらの商社は、特定の商品分野や地域について、わが国の商社に勝るとも劣らないビジネス力を有しているかもしれないが、いわゆる「総合力」では日本の総合商社には敵わないのである。

いずれにしても、基本的には工業諸原料やエネルギー、食料などの必需物資を輸入・加工して付加価値を付け、そして輸出するという加工貿易立国スタイルがわが国の基本である限りは、総合商社は存在理由があり続けるということになる。

そして現代の商社はさらに進化して、後述するように実に多彩なビジネスないしは事業を国内外で展開している。


財閥系（三菱商事、三井物産、住友商事）と非財閥系（伊藤忠商事、丸紅、双日、豊田通商）

ひと口に商社といっても規模、態様、生い立ちなどがそれぞれに異なり、明確な定義や基準があるわけではない。

その理由の一つには、銀行や証券会社などと違って、政府の許認可をともなういわゆる直接的な「業法」がないからでもある（ただし、関税法や外為法などの周辺的法律はある）。

しかし、企業的観点からいえば、社団法人日本貿易会（ＪＦＴＣ、現 槍田松瑩会長）の正会員四四社企業を〝商社〟とみなすのが通例だろう。さらに同会常任理事会メンバーの、比較的規模の大きい一八社が大手商社と呼ばれる。そして国内外に多くの拠点・事業所を置いて多様なビジネスを展開し、政・官・財界にも少なからず影響力を持っている、とりわけ上位の七大商社は、総合商社と呼ぶのが慣例化している。

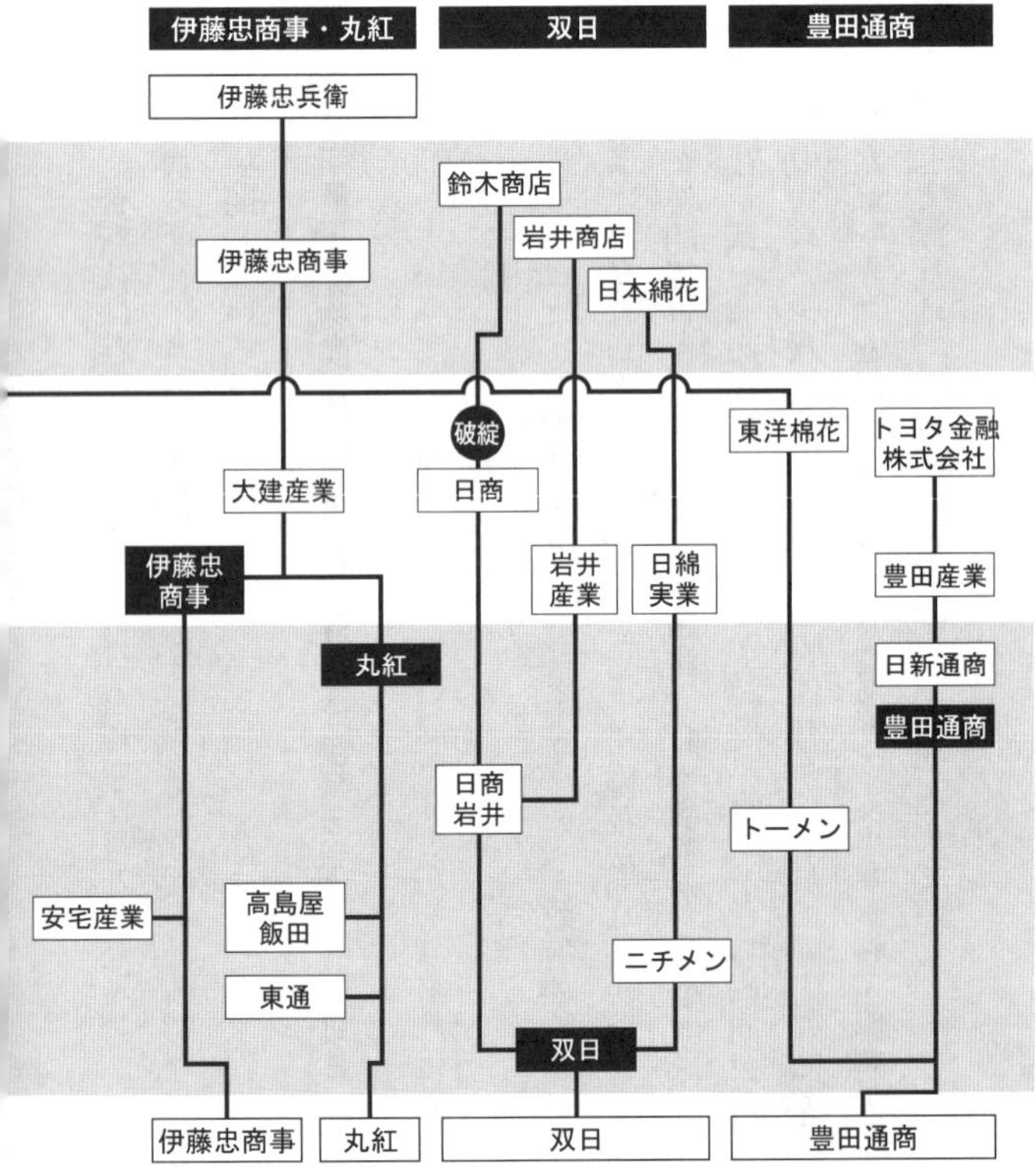

『週刊エコノミスト』2008年5月27日号（毎日新聞社）より抜粋

総合商社の源流と合従連衡

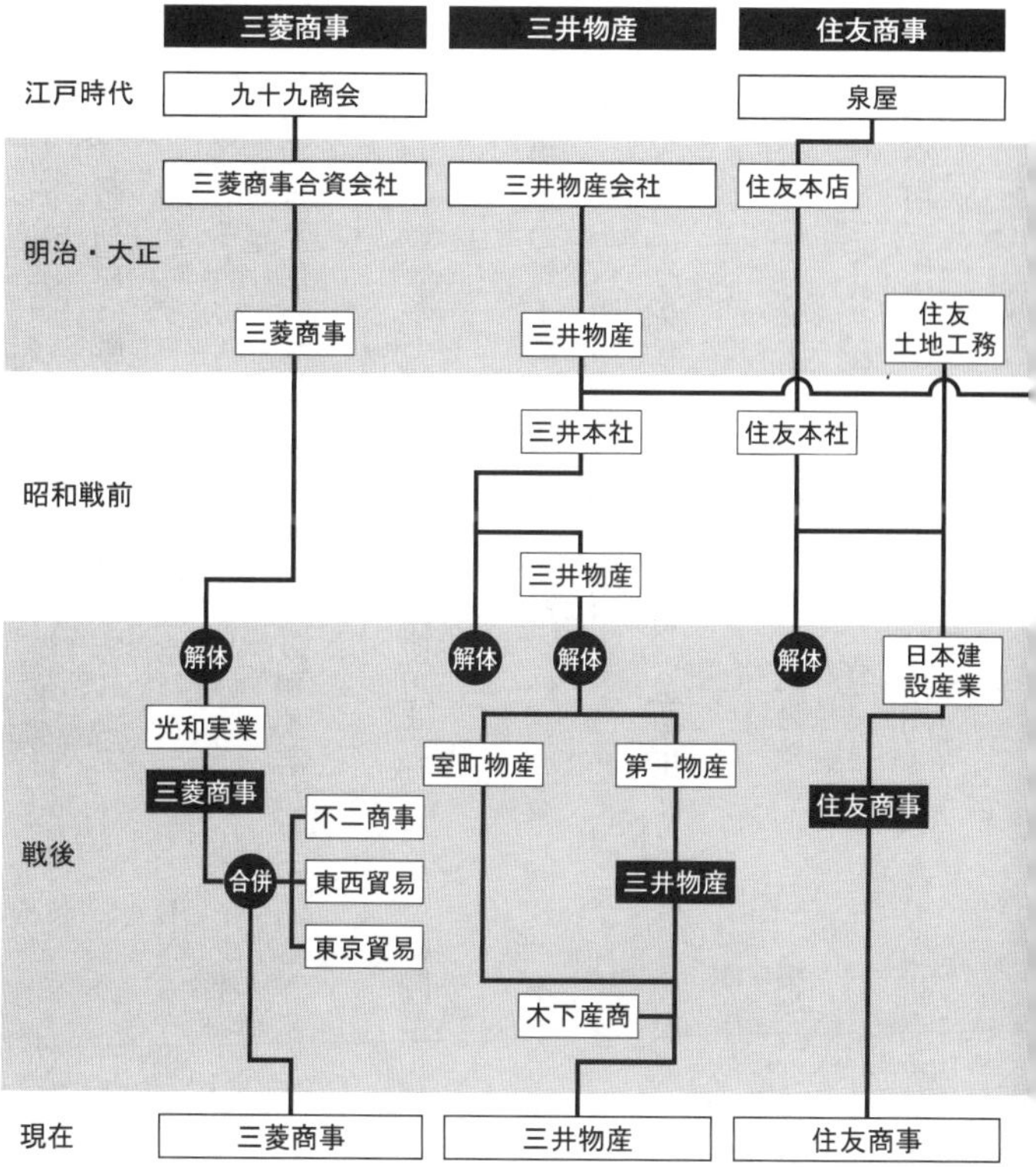
三菱商事
三井物産
住友商事
江戸時代
九十九商会
泉屋
明治・大正
三菱商事合資会社
三井物産会社
住友本店
三菱商事
三井物産
住友
土地工務
昭和戦前
三井本社
住友本社
三井物産
解体
解体
解体
解体
日本建
設産業
戦後
光和実業
三菱商事
不二商事
合併
東西貿易
東京貿易
室町物産
第一物産
三井物産
木下産商
住友商事
現在
三菱商事
三井物産
住友商事

その大手商社も生い立ち、発展過程、得意分野の有無などからいろいろと分類される。端的な例が、戦前派と戦後派という分け方である。

前者には、戦前にすでに商事貿易活動を行ない、そのDNAを継承し知名度も相対的に高い三井物産、三菱商事、伊藤忠商事などが挙げられる。後者には、実質的に戦後に生まれ、成長を遂げた住友商事、豊田通商、阪和興業などがある。

こうした商社の分類の仕方でしばしば使用されるのが、財閥系、非財閥系という表現である。

厳密には現在の日本には存在しないが、いわゆる「財閥」系の特徴は種々あり、

① 江戸時代から明治時代初期に創始者（三菱の岩崎弥太郎など）が存在する。
② 多業種にわたり有力企業が存在し、企業集団ないしは産業グループを構成している。
③ これらが同じ商標（三井のイゲタに三のマークなど）を使用しグループ意識が強い。
④ 構成企業トップによる「社長会」（三菱グループの「金曜会」、住友グループの「白水会」など）や「広報委員会」などが存在する。
⑤ 株式の相互持ち合いや共同事業が比較的多い、などの諸点が挙げられる。

これに対して「非財閥」系は、財閥のような色彩こそ希薄であるが、個々の商社は独自色が強く、いわゆる代行取引も少ない。

また旧財閥に対抗すべく、メインバンクとともに緩やかな企業集団を形成しているケースもみられる（みずほFGの旧第一勧銀と伊藤忠商事の「三金会」、旧富士銀行、丸紅などの社長会「芙蓉会」）が、統一商標などはない。

総合商社では、財閥系には三菱商事、三井物産、住友商事、非財閥系には伊藤忠商事、丸紅、双日、豊田通商が挙げられる。こうした総合商社とメインバンクを中核とする企業集団の存在は、諸外国でもいわゆる日本式モデルとして以前から注目された。

ちなみに一九九四年三月には、「日本のケイレツ、貿易障壁としての産業グループ」と題するアメリカ議会の調査局報告書が出されている。そこには次のような記述も見える。

……ほとんどの複合企業系列（注、企業集団）では、銀行と並んで総合商社が主導的な立場にある。これらの商社はみずから多岐にわたる商売を行なう一方、メンバー企業にいろいろなサービスを提供している。具体的には原料の調達、製品の流通、事業への融資、多種多様なプロジェクトの調整、情報の収集と伝達といったことである。

商社は輸出入の両方に関わっているため、グループ企業の膨大な為替リスクを吸収することが可能である。一般的に商社はグループ内の先端企業、あるいは銀行などの主要企業とグループの主導権を二分する企業と考えられる。……

この記述は、とくに財閥系商社にみられた現象だったが、現在ではケイレッツ（系列）色は薄くなっている。これは、わが国の産業の成熟化が進む一方で、アジアにみられる新興国の台頭など外部環境の構造変化が進行しており、系列などの〝仲間内ビジネス〟に注力していては発展の多くを見込めないからである。

しかし、背後に〝血は水より濃い〟有力企業が多く控えているということは、安定した物財の納入（需要）と調達（供給）の両面で安定した取引先が存在するということで、企業経営的な視点からはメリットが生じることになる。現在、財閥系商社が相対的に優位性を保っているのも企業集団・グループの存在が、その一つの理由となっている面は否めない。

第一章　「総合」とは何か

機能「複合」商社

総合商社の「総合」とは何を意味するのだろうか。

一般的には総合商社の場合の総合とは、「ラーメンから航空機まで」や「ウランからマネーまで」といわれるように、取り扱う商品・物財やサービスの幅広さを指し示す場合が多い。また、最近では次章でも見るように、さまざまな分野での事業展開とサービスの提供を行なう企業形態としての商社を指す場合にも用いられる。

総合商社の各本社ビル玄関には、たいてい案内板が掲げられてあり、それを見ると、自動車あり、生鮮食料品あり、鉄鉱石ありと、あらゆるビジネス分野の事業の営業名が掲げられてあることに驚くだろう。

しかし、総合商社の総合とは、こうしたいわば外見的なものだけに留まらず、次に示すような機能（ファンクション）の複合体を意味しており、機能から見た場合の総合商社は「複合商社」ともいえる。

以下でその主たる機能を基本的なものと付帯的なものに分けて外観してみよう。

［基本機能］

一、商取引機能

原油、鉄鉱石、小麦など、わが国の必需物資の輸入。自動車、各種プラント、鉄鋼諸製品など高付加価値製品の輸出。消費財を含む諸物資の国内販売と流通及び海外諸国間の貿易の介在・諸国国内での内販など、いわゆる外（三）国間取引などの機能。

商社の基本中の基本の「商う」機能である。最近では原料（川上）から加工（川中）を経て商品・消費者（川下）に至るバリューチェーン方式の商流の構築が、各商社で実施、検討されている。また、商取引には代行取引、口銭取引、先物取引などの種類がある。

二、在庫機能

物財の需要と供給の変動にともなって生じるギャップを調節する役割で、具体的には穀物サイロや食品コンビナート、さらには流通業界での物流システムの構築、国内外で展開する鋼材などの流通加工センターにみることができる。

三、金融・ファイナンス機能

国内外の自社の事業会社及び中堅企業の取引先に対して、資金供与（与信）や投融資を行なう。また、国際協力銀行などの制度金融や、場合によっては国際金融機関と提携し、大型の資源開発や社会インフラでのプロジェクトファイナンスを組成する。一方で各種ファンドへの出資や外為市場でのヘッジを行なっている。この金融・ファイナンス機能の強化は、近年の総合商社の特徴の一つとなっており、東京本社のほかニューヨーク、ロンドン、シンガポールなどのマネーセンターに財務拠点を置いている。

四、情報・渉外機能

「商社を見れば〝世界〟がわかる」とよくいわれる。この場合の世界とは、文字通り各国の政治・社会・文化状況であり、もう一つは日本と世界の個別の産業・経済事情という意味である。

国内外に多くの事業拠点を置く商社は、多彩な情報を得やすく、それがメディアより早い場合も少なくない。社内の研究所や調査部のほか、どの商社もワシントンに事務所を置き、アメリカをはじめ世界の諸々の情報収集と分析に余念がない。一方で、商社の社会的影響力が年々大きくなるにともない、公的機関やおもな財界・団体などに商社関係者が参画するケースが目立つ。また、社内の研究所や調査部などが、広報部などと連携しながらその際の折衝窓口となったり準備に当たるなどし、渉外機能も活発化している。

［付帯機能］

一、資源開発機能

周知のようにわが国は、石油をはじめとするエネルギー、それに鉄鉱石や原料炭それにハイテク製品に必要なレアアース（希土類）、あるいは小麦や大豆を含む食糧など多くの資源と一次産品を海外に依存している。

総合商社はこれら各種資源の探査や企業化調査（ＦＳ）、権益確保から開発輸入にともなう資機材調達・納入、開発建設工事、採掘・採取、積み出し、船舶運航管理、さらには国内外の需要先との長期供給契約の締結など、多岐で複雑な作業を行なう。しかも、プロジェクトによっては最初の取り組みから積み出しまで十数年に及ぶ場合も珍しくない。

二、オーガナイズ機能

環境・水、新交通システム、電力さらにはスマートコミュニティや都市再開発など、近年急速に需要が高まっている海外・国内での社会インフラ・プロジェクトに対して、関係機関や関連する国内外の諸企業を取りまとめる機能。

この機能を果たすことができるのは、世界的にみても日本の総合商社をおいてほかにない。たとえば、ベクテル（米）は世界最大級の総合エンジニアリング会社として有名で、空港、石油化学プラントなど特定の分野では強いが、商社のようにあらゆる分野をこなしてはいない。

三、事業経営・管理機能

投融資・財務機能が必要とされるビジネス分野の拡大にともない、商社にも、単なるトレード型からマネジメントやコーポレートガバナンス機能が求められるようになった。また財務、人事、物流などの子会社や関連会社を含む連結体制の経営強化が各社で図られるようになった。

商社の実際のビジネス現場では、とくに消費財や流通・サービス関係分野で、子会社や関連事業会社が直接携わっているケースが少なくない。また子会社や関連事業会社の業績動向がその商社グループ全体の業績につながるケースも多い。こうしたことから、各商社は人事、研修、サービス提供、財務対応などを行ない、文字通り、親（本社）と子（子会社・関連会社）を一体化して商権の拡大に注力している。

商社によっては、関連会社への出向・派遣経験が社員の昇進の一つの条件になっているところも珍しくない。

一例を挙げると、子会社・関連会社対策の一環として、その事業会社の社長を集めた、年に一、二回の会合を各商社が行なっている。伊藤忠商事は二〇一一年九月一四日に、東京本社に国内子会社を中心に八六社の代表者が集まり、「グループ社長会」を開催した。同会合では、岡藤正広社長が本社及びグループ会社全体の決算などの現状説明と方針の再確認を行ない、結束力の強化を訴えた。そして、第二五回となる事業会社表彰式を行なった。

その式で、総合経営賞に選ばれたのは伊藤忠製糖株式会社と伊藤忠メタルズの二社であった。同賞の選定基準は、基本的に、①連結取り込み利益一〇億円以上、②予算達成、③ROA（総資産利益率）二パーセント以上、④業務利益前期比増加、⑤累損なし、である。選定指標は、㋑連結取り込み利益絶対額、㋺前期比連結取り込み利益増加額、及び単体ネットリターン絶対額の大きい会社、となっている。

また、マーケット開拓や商品・技術開発、合理化など経営体質の強化で経営改善が著しい会社に対しては経営努力賞が贈られ、四社が対象となった。

このように、親会社は子会社や関連会社に対してさまざまなインセンティブを与え、自社の関連会社の業績アップに、さまざまな手段を尽くしている。

以上、商社はプロジェクトに応じて、これらの機能を複合的に組み合わせて取り組んでいるのである。

「総業」商社(三菱商事の定款)

総合商社は幅広い事業展開と取り扱う商品とサービスの多様さから、「産業のエンサイクロペディア(百科事典)」や時には「なんでも屋」と表現されたりもする。また、外見からはよく実態が見えないことや、事業内容も時代の流れに応じて絶えず変化させることから「オクトパス(タコ)」と呼ばれたりもする。

それをよく示しているものが、各商社の定款や有価証券報告書に記されている会社の目的及び事業の内容である。

そこに見える目的と内容には、さまざまな「業」が盛り込まれてある。三菱商事の定款・第1章総則の「(目的)第2条」から具体的な総合商社の事業を見てみよう。そこには、「本会社は、次の事業を営むことを目的とする」とあり、以下のように記載されてある。

1. 次の物品の売買及び貿易業
イ　石炭、石油、ガスその他燃料類及びこれらの製品　ロ　鉄、非鉄金属及びこれらの製品並びに鉱石及び鉱産物　ハ　機械・器具（計量器、医療用具を含む）、車輌、船舶、航空機、及びこれらの部品　ニ　食糧、酒類その他飲料、油糧、油脂、樹脂、たばこ、塩及びその他の農産・水産・林産・畜産・天産物並びにこれらの製品　ホ　肥料、飼料及びこれらの原料　ヘ　繊維品及びその原料　ト　木材、木製品及びセメント・ガラスその他窯業製品　チ　化学製品、化粧品、高圧ガス及び薬品類（医薬品、医薬部外品、毒・劇物、火薬、発火物等を含む）並びにこれらの原料　リ　ゴム類、皮革、パルプ、紙類及びこれらの製品並びに装身具及び一般雑貨類
2. 前号物品の開発、探鉱、生産、製造・加工、廃棄・再生処理業及び林業並びにこれらの請負業
3. 機械・器具、車両、船舶、航空機及びこれらの部品の修理、据付工事請負、賃貸借及び管理業
4. 工業所有権・著作権等の無体財産権、ノウハウ、各種システム・エンジニアリングその他ソフトウェアの取得、企画開発、保守及び販売業

5. 温室効果ガス排出権の売買
6. 各種情報の収集、処理及び提供に関する事業
7. 電気通信事業、放送業、広告業及び出版・印刷業
8. 医療施設、ホテルその他宿泊施設、スポーツ施設、劇場、飲食店の経営及び旅行業
9. 各種イベントの企画及び運営に関する事業
10. 建設業並びに建設工事の企画、調査、測量、設計及び監理業
11. 不動産の売買、賃貸借及び管理業
12. 発電事業及び電気、蒸気その他エネルギーの供給に関する事業
13. 上下水の処理及び各種水供給に関する事業
14. 有価証券等の売買、金銭の貸付け、債権の売買、債務の保証・引受け及び外国為替の売買等の金融業
15. 商品投資販売業及び商品投資顧問業
16. 労働者派遣事業
17. 古物売買業
18. 倉庫業

19. 陸運業、海運業、航空運送業及び運送取扱業
20. 前各号の代理業、仲立業及び問屋業
21. 損害保険業、損害保険代理業、自動車損害賠償保障法に基づく保険代理業及び生命保険の募集に関する業務
22. 前各号に係るコンサルティング業
23. 前各号に関連する一切の事業

二〇一一年三月一六日、東日本大震災時に三菱商事が要請を受け、電力会社向けに行なったLNG（液化天然ガス）の緊急輸入は、「1のイ」に該当するものである。しかもこの事業目的もまた時代の推移とともに訂正、及び追加される。項目のなかの12と13は、二〇〇九年に追加されたもので、13によって、現在、世界的に需要が高まっている水や環境関連事業に本格的に取り組むことになったのである。

こうしてみると、総合商社の展開する事業分野の多様性、取り扱う商品・サービスの幅広さに改めて驚かされ、「あらゆる業界のクロスロード」ともいわれたりする理由がよく分かるだろう。

このように、社会の変化や経済のグローバル化、規制緩和の動き、さらにはＩＴをはじめ技術革新の進行などによる事業・ビジネスの機会と分野が広がるのに並行して、商社の「会社の目的及び事業の内容」も多くなり、追加されてくる。そして、もはや単なる商事貿易会社と形容するにはあまりにもかけ離れた「総業（ジェネラル・カンパニー）」や「コングロマリット」とも呼ぶべき企業形態になっているのだ。

こうした意味では、ミツビシ・コーポレーション（三菱商事）、ミツイ・カンパニー（三井物産）、イトウチュウ・コーポレーション（伊藤忠商事）などの各社の英文社名のほうが、曖昧さは残るものの、それだけかえって奥行きの深い実態を示す呼称であるのかもしれない。

川下・流通事業の展開（住友商事、伊藤忠商事、三井物産の戦略）

私たちが日々の生活のなかで、多岐にわたる事業展開をしている商社を一番身近に感じるのは、三菱商事系のローソンや伊藤忠商事系のファミリーマートなどのコンビニエンスストア、あるいは丸紅系のダイエー、住友商事系のサミットなどのスーパーマーケットで買い物をする場合であろう。

商社が、末端の消費者や消費市場に目を向けることはある意味で必然的な行為であった。それは商社が基本的に需要と供給をつなぐ商業事業者であり、前述のように基本的機能を発揮しやすいこと、そして何よりもわが国の経済の成熟化と消費構造の変化に対応し、社会のニーズにこたえる必要があったためである。

こうして、商社の川下・流通事業ないしはリテール（小売り）分野への挑戦は続けられているのだが、ひと口に川下・流通事業といっても、商社の場合はそれこそ多分野にわたる。

コンビニやスーパーのほか、外食、給食、テレビショッピング・通販、ドラッグストア、ガソリンスタンド、メディア・映像関連とさまざまである。

一般的に鉄鋼や機械の分野に強い住友商事が、この川下事業分野にも特色を持っていることは興味深い。現在、首都圏を中心に一二〇店舗を展開する食品スーパー「サミット」（住友商事一〇〇パーセント出資）は、一九六三年に住友商事がセーフウェイ（米）と提携し、京浜商会として設立したものである。

設立当初は採算に乗らず、間もなくセーフウェイも撤退してしまう。しかし、専業のスーパーを参考に住友商事独自の考え方を加味しながら、着実に品揃えの充実と店舗の拡大を図っていった。現在、商社直系のスーパーとして、事実上ただ一つ生き残ったサミットの売上高は二二二一億円（二〇一一年三月末）と、人口減少社会の進行などで流通業界全般が低迷しているなかで、ほぼ堅調に推移している。さらに住商ネットスーパーと共同運営で、センター出荷型ネットスーパーにも関与し、新しい流通形態にも進出している。

また住友商事では、この分野をメディア・ライフスタイル事業部門が担当しているが、同部門で注目されるのは、国内最大で三六パーセントのシェアを持つケーブルテレビ統括運営会社のジュピターテレコム（J：COM、資本金一一七六億円、住友商事の持ち株比率約四〇パーセント、KDDI約三〇パーセント）を関係会社に持っていることだ。

マルチチャンネル・リテール戦略を掲げる同部門は、ブランド事業各社の商品を同事業部門が運営するジュピターショップチャンネルの番組で取り上げ、その番組をJ：COMを通じて全国に放送するというのが典型的な例である。またKDDIと提携し、ケーブルテレビのほかインターネット、固定電話、携帯電話各事業でさらに関係を深めようとしている。現在、J：COMは全国で約三六三万世帯という膨大な数の加入者を抱えている。

このことは、住友商事が取り扱う最終消費財への一段の需要増の可能性をはらんでいる。

住友商事は直接的な消費者向け事業として、このほか、住商ドラッグストアーズ(トモズ)や映像ソフトの制作・配給を行なうアスミック・エースエンタテインメントなどの関連会社を所有している。商社で映像関連事業を展開しているのもユニークだが、メディア・ライフスタイル事業部門を中心とした住友商事の複層的な川下・流通分野が需要者と想定する総人口は膨大な数に達しよう。

伊藤忠商事はブランドマーケティング部門を持ち、ポール・スミス、ハンティングワールド、リチャード・ジノリ、フィラ、レスポートサック、コンバース、ディーン・アンド・デルーガ(食料品を含む)など、世界の著名なファッションブランドと提携している。またレリアンに資本参加し、単に輸入に留まらず消費者に向けたショップ展開も行なっている。さらにインターネットでの婦人服・紳士服を販売するマガシークや、テレビショッピングを行なうプライムなどの関係会社を運営している。

一方、コンビニのファミリーマートのほか、スーパーではユニー(アピタ)と提携しており、末端消費者への志向は伝統的に強いものがある。

映像ソフトの企画、制作、配給、販売
紳士・婦人服、洋品雑貨、化粧品、ギフト雑貨等の輸入及び販売
システム開発、ITマネジメント、BPO(Business Process Outsourcing)
福利厚生代行サービス、健康支援サービス
TV放送チャンネルの番組送出及び中継業務受託
テレビ通販事業
CATV局の統括運営
「LANCEL」ブランドの独占輸入・販売
食品スーパーマーケットチェーン
「MARC JACOBS」及び「MARC BY MARC JACOBS」ブランドの輸入・販売
ドイツの高級織物ブランドFEILERの総輸入元・企画・販売会社
婦人向けシャツ・ブラウスを中心とした伊ブランド「NARA CAMICIE」等の輸入・企画・販売
IT関連ハードウェア・ソフトウェアの販売、システムインテグレーション、アフターサポートの提供
センター出荷型ネットスーパー事業
インターネットドラッグストア
システムインテグレーション、IT関連ハードウェア・ソフトウェアの販売、情報処理サービスの提供
調剤併設型ドラッグストアチェーン
インテリア設計・施工・企画・調達、家具・カーペット等インテリア関連商品の輸出入・販売
繊維関連商品(衣料品・繊維原料等)の製造・販売
食品スーパーマーケットチェーン
移動体通信回線・端末の販売及び通信回線の販売
シネマコンプレックスの開発・運営（2012年3月に撤退）
映像・音源・印刷用大容量データの情報通信サービス

三井物産はセブン&アイ・ホールディングスと包括提携し、物流、資材、PB商品開発などで関係が深い。また、QVCジャパンに四〇パーセント出資し、テレビショッピング事業も行なっている。さらに、ワールド・ハイビジョン・チャンネル（愛称名・トゥエルビ、BS12チャンネル）を保有し、BSデジタル放送事業を運営。QVCなどの有力チャンネルから選ん

住友商事、メディア・ライフスタイル事業部門の主な関連会社

アスミック・エースエンタテインメント	子会社
バーニーズジャパン	子会社
CSK（2011年4月～）	子会社
イーウェル（2011年4月～）	関連会社
ジェイ・ビー・エス	子会社
ジュピターショップチャンネル	子会社
ジュピターテレコム	関連会社
ランセル ジャパン	子会社
マミーマート	関連会社
マーク ジェイコブス ジャパン	関連会社
モンリーブ	子会社
ナラカミーチェ	子会社
日商エレクトロニクス	関連会社
住商ネットスーパー	子会社
爽快ドラッグ	子会社
住商情報システム	子会社
住商ドラッグストアーズ（トモズ）	子会社
住商インテリアインターナショナル	子会社
スミテックス・インターナショナル	子会社
サミット	子会社
ティーガイア	関連会社
ユナイテッド・シネマ	子会社
日本ワムネット	子会社

だコンテンツを無料で放映しているが、「グローバル・ビジョン」は独自の番組である。

このほかにも、アラマーク社（米）と折半出資しエームサービス（資本金約二〇億円）を運営している。エームサービスでは首都圏、関西、東北など全国の企業・事業所、学校、スポーツ施設、病院、介護施設などに対し、社食・飲料などの食に関する総合サービスの提供・運営を行なっている。このケースも川下・流通事業分野の特色ある事例として注目される。

このように商社の川下・流通事業の展開は多彩で、我々の暮らしとダイレクトにつながっているが、各社がそれぞれに持ち味を発揮している分野でもある。

営業部門のタテ割りとヨコ割り（三菱商事、三井物産、住友商事の体制）

商社の営業部門は各社各様で、しかも産業事情・対面業界の変化、マクロ経済・国際情勢の動きなどの与件が変動するに従い、社内の営業部門の在り方も絶えず変化する。

三菱商事は二〇一一年四月に、化学品グループの無機化学品本部を、合成樹脂や塩化ビニールなどを扱う機能化学品本部と、バイオや生化学製品を扱うライサイエンス本部に分けた。また生活産業グループでは、従来の次世代事業開発ユニットのリテール事業をヘルスケア・流通サービス本部に移管し、リテール・ヘルスケア本部としている。さらに二〇一二年四月から地球環境事業開発部門と機械グループの再編を行ない、地球環境・インフラ事業開発部門とし、重点化していくことになった。

伊藤忠商事も同様に、二〇一二年四月から、いわゆる、〝攻め〟の経営のための、一二年ぶりとなる全社規模の大きな機構改革を行なっている。伊藤忠商事の営業部門の現況は社内カンパニー制を敷いており、繊維、機械、金属、エネルギー・化学品、住生活・情報、食料の六カンパニー一六部門で構成され、六カンパニーのトップは「カンパニー・プレジデント」として、それぞれカンパニーの経営全般を見ており、文字通り〝企業内社長〟という立場にある。

商社の組織、とくに営業部門の在り方については、以前からいわゆるタテ型、ヨコ型論議が盛んであった。

三菱商事の六営業グループのトップは、グループCEOとして利益責任を負い、人事考課権限と一定の投資権限を持っている。この営業グループ内では、本部―ビジネスユニット(BU)というラインが基本である。BUとは、ほかの商社では大まかにいって「部」に相当し、全社で一二〇近くある。このライン(業務上の指示命令系統)は基本的には国内外拠点にわたる、いわゆる商品本部制をとるタテ型である。

例えば、三菱商事東京本社の生活産業グループの戦略基本方針は、ニューヨーク(米国三菱商事)、北京(三菱商事中国有限公司)、大阪(関西支社)などの拠点内の同グループのビジネス戦略全般に及ぶ。一方で、世界各地に統括役員を置き、実際上は、その地域に応じたビジネス戦略も推進している。

したがって、三菱商事の国内外の拠点長(場所長)はその地域・国の公的機関や地元の財界人など、要人への対応を行なう渉外事項や拠点内の管理業務を担当し、営業戦略を支援する形となっている。

これに対して三井物産は、一九九〇年代まではヨコ型の伝統的な「部・店別独立採算制」を採り、同社の大きな特徴を成してきた。

しかし次第に、取引先などの商権の実情変化に合わせて組織の見直しを行ない、現在では一四営業本部の担当役員のもと、本部長、部長というラインである。ただ、担当役員は利益責任を負わず本部長が社長に対して業績責任を負い、本部内人事考課権を持っている。

また、海外での体制は三地域本部（アジア・大洋州本部、欧州・中東・アフリカ本部、米州本部）制を敷いていて、各営業本部との整合性を図りつつ、各地域の特性に応じた戦略を推進している。だが、各地域本部長の基本的な権限は営業本部長と同じである。なお、中国、台湾、韓国及びロシア・CIS諸国については、本社（東京）直轄地域としている。

このように、三井物産の営業部門の体制はタテ型を基本としながらも海外ではヨコ型を加味した「本部独立採算制」ということができる。

住友商事の営業体制は、事業部門長―本部長―部長というラインで、重層的な組織形態となっている。

特徴的なことは、事業部門長が社長に対して業績責任を負い、事業部門内の人事考課権

三井物産の営業体制

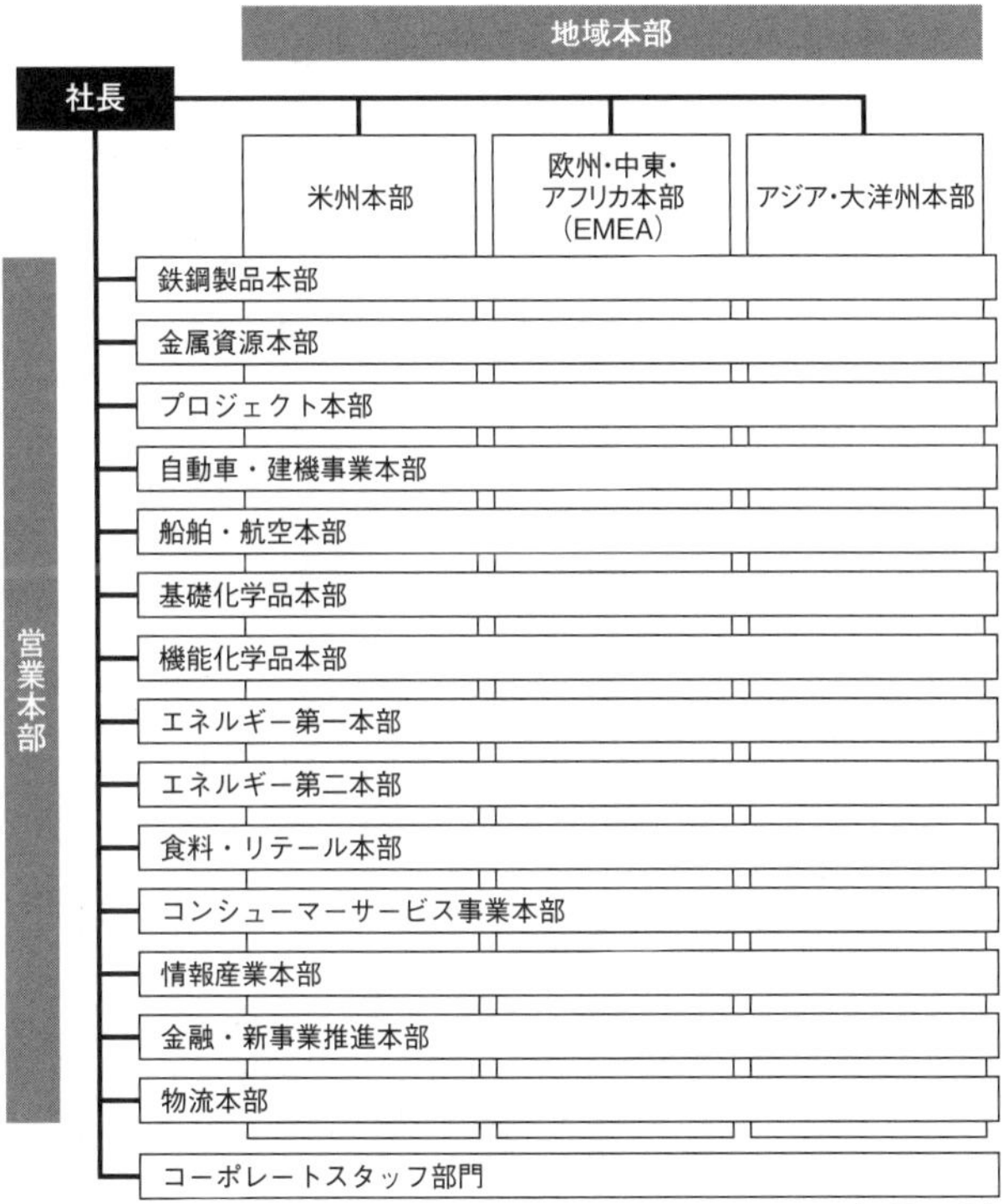

2011年7月1日現在

注）中国・台湾・韓国及びロシア・CISは本店直轄地域となる。

限を持つことだ。各事業部門長は常務執行役員以上で代表取締役でもあるところから、〝企業内社長〟という立場にある。住友商事の場合、国内の九州（福岡）、北海道（札幌）、東北（仙台）の三ヵ所は国内現地法人の形をとっており、また関西ブロック、中部ブロック、九州・沖縄ブロックと三ブロック体制を敷いている。だが、いずれも独立採算制が基本である。一方、中国（総代表、北京）、米州（総支配人、ニューヨーク）など、世界を七地域に分けて総支配人や支配人を置いており、傘下の現地法人や支店について利益責任を負い人事考課も行なっている。

したがって、住友商事はタテ型、ヨコ型のミックスで営業体制を編成しているのである。

コーポレートガバナンスの強化（住友商事の行動指針と三菱商事の諮問機関制度）

近年、総合商社の業容拡大にともない、利害関係を有するステークホルダーをはじめ広く社会からの期待が高まるにつれ、いわゆるコーポレートガバナンスの重要性が高まっている。もちろん各社は、長年培かわれた、それぞれ独自の経営理念に基づいて会社運営を行なってきた。

たとえば三菱商事には、有名な「所期奉公、処事光明、立業貿易」という三綱領があり、今でも経営理念とし、社長が折りに触れ、この三綱領について論じている。また住友商事は、住友家四〇〇年にわたる家訓を経営理念としていたが、一九九八年に今日的な表現に改め、住友商事グループの経営理念・行動指針を次のように示している。

目指すべき企業像
私たちは、常に変化を先取りして新たな価値を創造し、広く社会に貢献するグローバルな企業グループを目指します。
経営理念
〈企業使命〉
・健全な事業活動を通じて豊かさと夢を実現する。
〈経営姿勢〉
・人間尊重を基本とし、信用を重んじ確実を旨とする。
〈企業文化〉
・活力に溢れ、革新を生み出す企業風土を醸成する。
行動指針

・住友の事業精神のもと、経営理念に従い、誠実に行動する。
・法と規則を守り、高潔な倫理を保持する。
・透明性を重視し、情報開示を積極的に行う。
・地球環境の保全に十分配慮する。
・良き企業市民として社会に貢献する。
・円滑なコミュニケーションを通じ、チームワークと総合力を発揮する。
・明確な目標を掲げ、情熱をもって実行する。

取締役の人数を絞り、業務執行の監督と重要な経営事項の決定の機能を担う取締役会の活性化を図り、また取締役の任期を一年としている。さらに相互牽制の観点から、原則として取締役会長及び取締役社長の役位の兼務は行なわず、それぞれの任期を原則として六年を上限とすると定めている。

わが国で会長・社長の任期を六年までと成文化している上場企業は、けっして多くはない。

一方、内部統制の観点から「インターナルコントロール」を行なっている。このチェッ

住友商事のコーポレートガバナンス体制

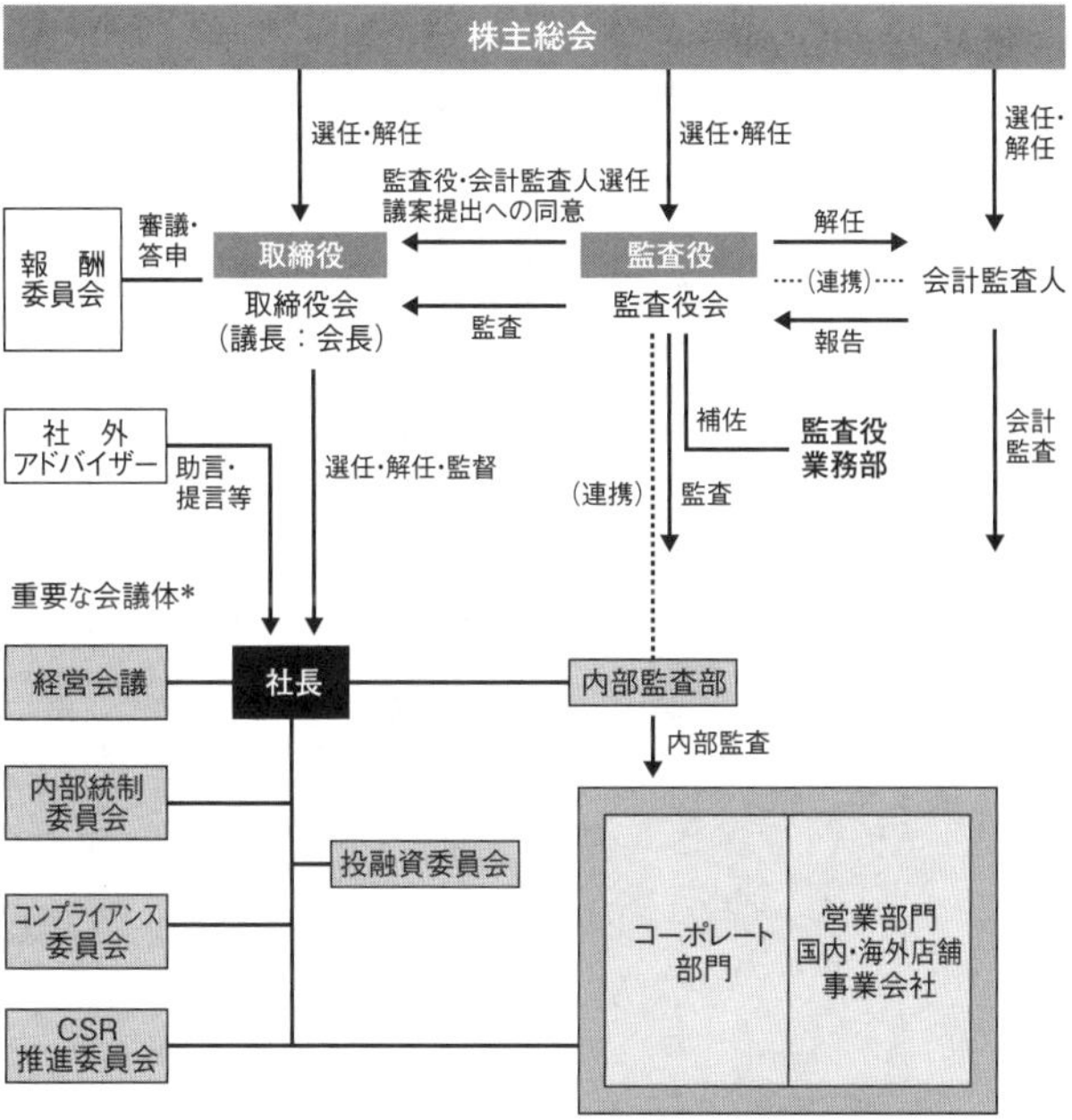

＊経営会議：経営に関する基本方針・重要事項について意見交換・情報交換。
内部統制委員会：内部統制全般の管理・評価及び基本方針の立案・導入推進等。
投融資委員会：重要な投融資案件等の審議。
コンプライアンス委員会：経営の健全性維持の観点からの当社グループ全体のコンプライアンスの徹底。

クリストは、住友商事グループを構成するすべての組織が共通に保持すべき、リスク管理、会計・財務管理、コンプライアンス（法令遵守）など組織運営全般にわたる管理のポイントを網羅した約三五〇の点検項目によって構成されている。

また、点検作業は業種・業態、地域、規模の大小を問わず、すべてのおもな事業拠点で行なうこととし、全世界の拠点で実施されている。そして各拠点が自己点検した結果は、それぞれの事業部門や地域に置かれた総括部などがレビューを行ない、その結果を踏まえて、組織ごとに必要な改善活動が定期的に実施されている。

また取締役会のほかに、全社の基本方針や重要な事案について意見・情報交換を行なう「経営会議」があり、取締役常務執行役員以上の限られた役員で構成されている。このほか「投融資委員会」「コンプライアンス委員会」などがある。

近年、商社に限らず企業のコンプライアンス体制の強化が進んでいるが、住友商事のコンプライアンス委員会は、社長直属の組織という位置づけで、次に掲げる一九項目の指針を盛り込んだマニュアルを、全役員・社員に配布している。

1　営業活動における指針

・独占禁止法の遵守　・安全保障貿易管理　・関税・輸出入規制　・各種業法の遵守
・知的財産権の尊重及び保全　・不正競争の禁止　・情報管理　・環境保全　・海外における営業活動

2　社会の一員たる企業人としての指針
・贈収賄の禁止　・外国公務員に対する不正支払の防止　・政治献金　・反社会的勢力との対決

3　働きやすい職場を維持するための指針
・人権尊重　・セクシュアルハラスメントの禁止　・パワーハラスメントの禁止

4　私的行為についての指針
・インサイダー取引規制　・利益相反行為の禁止　・情報システムの適切な使用

さらに、コンプライアンスの観点から問題が生じた場合、職制ラインによる報告ルートのほかに、コンプライアンス委員会に直接連絡できる制度として、「スピーク・アップ制度」を導入している。連絡窓口には監査役や社外弁護士を加えている。

また社内規程によって情報連絡者ならびに情報内容の秘密を厳守することや、情報連絡行為による連絡者本人への不利益な処遇がないことが保障されている。
こうした住友商事の厳しいコンプライアンス体制は、一九九六年六月に明るみに出た、非鉄金属部長だった元社員による銅地金簿外不正取引事件の反省も、一つの原因を成している。

コンプライアンスを含むガバナンス強化が多面的な広がりをみせているのも、近年の商社の特徴となっている。

たとえば、三菱商事も住友商事に類似した体制を敷いているが、さらに三菱商事は日本の企業では少ない国際諮問委員会（IAC）を二〇〇一年から毎年一回の割合で開催している。同委員会は取締役会の諮問機関という位置づけで、グローバルな視野から提言・助言を受けるというものである。ちなみに二〇一一年一〇月に開かれた委員会のメンバーのうち、海外関係者は次の通りである。

アメリカのハーバード大学教授ジョセフ・ナイ、メキシコ元商工大臣エルミニオ・ブランコ・メンドーサ、インドのタタグループ会長ラタン・N・タタ、イギリスのボーダフォングループ会長ジョン・ボンド、フィリピンのアヤラコーポレーション会長ハイメ・アウグスト・ゾベル・デ・アヤラの各氏。

また三菱商事は、最高意思決定機関である社長室会のもとに環境・CSR委員会を設置し、その委員会の諮問機関として八人の社外有識者が入った環境・CSRアドバイザリーコミッティーを設けており、二〇〇八年から定期的に開催、提言・助言を受けている。

このなかには、サッカー・ワールドカップ（南アフリカ大会）の日本代表監督だった、岡田武史日本サッカー協会（JFA）理事も入っている。岡田氏は環境問題に関心が高く、同協会でも環境問題を担当している。

第二章　大きく復活を遂げた商社

紆余曲折を経てきた商社

第二次世界大戦後、いくどかの景気変動、公定歩合をはじめとする金利動向、それに商品市況の乱高下などにともなって、商社もその都度大きな波に揉まれた。

またその過程で、まだ財務力の弱かった商社が、他社との合併や商権譲渡、あるいは消滅を余儀なくされてきた。一時、「商社の歴史は合併、統合の繰り返しである」と表現されたこともあるが、ある意味では現在でも潜在的には続いているともいえる。

振り返れば、一九六一年の御園《みその》生《お》等《ひとし》東洋大学教授による「商社斜陽論」に始まり、オイルショックを契機に一九七三年から七四年の一部の誤解に基づく「商社性悪説」、一九八三年前後の業績悪化による「商社・冬の時代」、そして九〇年代末前後の「商社・中抜き論」「不要論」が喧伝された。

しかし、こうしたいくどかの危機を乗り越え、しかも、二〇〇八年九月に起きたリーマンショックを無事に乗り切り、おりしも資源価格の高騰という恩恵もあり、昨今では「商社・盛夏の時代」「商社・フェニックス（不死鳥）」、などといわれるようになった。

また、二〇一一年三月一一日に発生した東日本大震災による物理的・直接的な影響も、商社には比較的軽微で済んでいる。

ところで、その時々の経済状況を反映する指標にはいろいろとあるが、株式指標（日経・ダウ平均）の動きなどはその代表例であろう。

商社にとって株式価格の動向は、個別の資産価値やポートフォリオ戦略などに影響を与え、保有株式の含み損益など、経営にも関わってくる。加えて商社の場合、とくに一九七〇年代まではそのビジネスモデルを左右したのが外国為替水準だった。

一九四九（昭和二四）年四月にGHQ（連合国総司令部）によって設定された、一ドル＝三六〇円の固定レート（過程については拙著『YENの軌跡』参照）。現在からみると二〇円から三〇円ほど割安だったというのが定説となっているが、いずれにしても一九七三（昭和四八）年二月の完全変動相場制移行までの二四年間ほど、この固定レートは続くことになり、商社が輸出をはじめとする貿易活動に専念できる、大きな要因となったのである。

また一九六〇年代までは、わが国の貿易収支の動向や外貨（米ドル）準備高の状況が、輸入の大枠や金利動向の中心をなす日本銀行の公定歩合にも少なからぬ影響を与えた。つまり、輸出強化と外貨獲得は国是となっていたのであり、商社はその一翼を担っていたのである。

なお、現在は外国通貨に対して円高が進むと、商社には連結純利益でマイナス効果をもたらす。例えば、三菱商事の試算では、米ドル・円レートが一円変動すると、連結純利益に約二五億円の変動を与えるという。

時代ごとの転換期

一九五五年一〇月、総理大臣を議長として通商産業省（現 経済産業省）大臣、日本銀行総裁などが参加する「最高輸出会議」が発足し、商社をはじめ官民あげて輸出に傾注することになった。見逃せない点は、商社の活動に不可欠の金融諸制度も整備されたことだ。

例えば一九五〇年一二月には、現在の国際協力銀行の前身を構成する日本輸出銀行（一九五二年、日本輸出入銀行と改称）が発足。また、現在の三菱東京ＵＦＪ銀行の前身で、戦前の有力行だった旧横浜正金銀行の伝統を汲む東京銀行が、一九五四年に外国為替専門銀行（タメセン）として再発足した。そして、商社の貿易金融や投融資活動などに大きな支援の役割を果たしていった。こうして現在の総合商社を取り巻く環境が整備されていくのである。

また、商社の特徴の一つに、その時々の時代のニーズに応じる、あるいは先導するということが挙げられる。以下、商社が取り組んできたおもな事象を略観してみよう。

戦後復興期

終戦直後、政府は国内産業政策で鉄鋼、石炭、化学肥料などの分野に重きを置く、いわゆる「傾斜生産方式」政策をとった。また、輸出奨励のため金融、税制などで優遇政策を実施する。商社は繊維や食料、物資など比較的軽工業分野の取り扱いに注力し、伊藤忠商事や日綿実業（現 双日）などの糸へン商社が台頭した。一方で、有力商社はニューヨークなど海外拠点の整備にも乗り出す。なお、ＧＨＱによる財閥解体指令で四散していた三菱商事が一九五四年七月に、三井物産が一九五九年二月にそれぞれ復活・再生した。

高度経済成長期

各商社が鉄鋼、機械・プラント、石油化学などの重化学工業製品の取り扱いへ注力。また、コンピュータなどの分野で欧米からの新技術の導入にも力を入れた。鉄鋼や機械部門を強化し、いわゆる総合商社化路線を志向。人員増を図り、アメリカ、東南アジアで事務所などの拠点充実を行なうなど、商社も高度経済成長期に入った。

変動相場制、オイルショック後

一九七三年二月、変動相場制に移行。その直後の同年一〇月、第一次オイルショックが起き、翌七四年の実質経済成長率は戦後初めてマイナス一パーセントとなった。商社は石油・LNG、鉄鉱石、原料炭、木材・紙パルプなどの資源の開発輸入に力を入れはじめる一方で、財閥系を中心に、株式持ち合いなど企業集団・グループ化の動きもあり、共同事業会社が多くつくられた。この時期はまた、一部誤解に基づく社会やマスコミからの商社批判が起きるとともに公正取引委員会が独占禁止政策の視点から「総合商社調査報告」を発表し、各社及び日本貿易会が対応に追われた。

プラザ合意前後

一九八五年九月のプラザ合意以降は、わが国一般企業の海外進出が本格化する一方で、製品輸入の拡大が求められ、商社も両面で関与する。しかしこの当時、技術革新の進行で、いわゆる製品の軽・薄・短・小化が進んだことでそれまでの商社の行動様式とのミスマッチが起き、業績も悪化し「商社・冬の時代」を迎える。しかし、大手商社では金融・外為制度の一部自由化や通信市場の自由化にともない、金融業や情報通信産業などへの参入を図る動きも見られた。

九〇年代前後

一九九一年をピークとするバブル経済の崩壊などで、商社に従来とは異なるビジネスモデルが求められた。

それがＩＴ（インフォメーション・テクノロジー）分野やＬＴ（ロジスティクス・テクノロジー）、ＦＴ（ファイナンス・テクノロジー）や環境問題などへの取り組みである。その過程でトレードとインベストメントの両輪論が主流的考え方となり、ポートフォリオ戦略が採用されはじめた。

一方で、財務的には多額の特定金銭信託やファンドトラスト（株や債券で運用する金融商品）の処理に各社が腐心した。

また一九九五年四月には一ドル＝七九円台に突入するなど円高が進み、国内製造企業の工場の海外移転志向が強まる。一九九八年八月には、名門で大手商社の一角を占めていた大倉商事が自己破産し消滅した。

この間、格付け会社のムーディーズ（ジャパン）社が一九九九年三月に「日本の総合商社――その強固な古い体質を変えることができるか」というレポートを公表し、商社の課題を提起し話題となった。

商社・第二次再編の時代

二〇〇〇年代初期は、ＩＴバブル崩壊の影響や9・11アメリカ同時多発テロ事件、イラク戦争勃発などに加えて、国内需要の冷え込みがあり、商社もリストラに追われた。

この過程で大型の再編の動きが起き、旧日商岩井と旧ニチメン（日綿実業）の統合合併が二〇〇三年に行なわれ、〇六年には豊田通商とトーメンが合併した。現在の総合商社七社体制につながる動きである。

一方、鉄鋼業界の再編の動きに合わせて、二〇〇一年に伊藤忠商事と丸紅の鉄鋼製品部門が分社統合し、伊藤忠丸紅鉄鋼が発足。また二〇〇三年には、三菱商事の鉄鋼製品部門と旧日商岩井の鉄鋼部門が統合し、メタルワンとなった。さらに二〇〇四年には、川鉄商事とエヌケーケートレーディングが合併し、ＪＦＥ商事ホールディングスが発足（現在、ＪＦＥ商事）。二〇〇七年には穀物メジャーのカーギル（ジャパン）と東食が合併し、カーギルジャパンとなった。

商社・夏の時代

ＢＲＩＣsをはじめとする新興国の経済成長にともなう実需の旺盛な高まりの影響で、二〇〇四年頃から鉱物資源をはじめ、農産物など一次産品価格が上昇し、「ツー・ビート（原油の取引単位のバレルと小麦の単位のブッシェル、それに〝打つ〟をかけた）」現象が世界を覆った。これが、各種資源を取り扱う商社に好業績をもたらした。また、各社が各営業・事業分野でバリューチェーンを構築すると同時に、財務力の充実や内部体制の強化に留意したことも、商社の急回復した要因となった。

リーマンショック、3・11を超えて

二〇〇八年九月に米国の投資銀行リーマン・ブラザーズの破たんが表面化し、世界的な金融不安が広がった。その影響は実体経済の悪化をもたらし、一時は資源価格も二割から

五割も落ち込んだ。これを受けて商社の業績も一時的に悪化した。だが、その後、BRICs諸国とともにメキシコ、ベトナム、インドネシア、中近東諸国などの新興国の経済成長もあり、世界経済はおおむね好転し、併せて商社の業績も回復基調となった。

そして、二〇一一年三月一一日に発生した東日本大震災は産業界全般にわたって大きな影響を与えたが、商社に限れば、直接的・物理的な影響は軽微に済んでおり、各社が中期経営計画に沿って事業、ビジネスの展開を推進している。また、震災復興支援活動を含めて、社会各方面で商社の存在感が一層高まっている。

しかし、商社の収益構造はますます資源・エネルギー部門の比重が高まっており、今後、非資源・非エネルギー部門の強化が課題として浮上しつつある。

ちなみに、連結純利益（二〇一一年三月期）に占める資源・エネルギー部門の各社別を見ると、三菱商事七〇・〇パーセント、三井物産七七・六パーセント、伊藤忠商事六七・八パーセント、住友商事三八・三パーセント、丸紅四五・三パーセントとなっている。

七大商社、「石（鉄鉱石）」と「炭（原料炭）」が好調

二〇一一年三月期の総合商社の業績は好調に推移し、二〇一二年三月期の業績見通しも

各社で増益が見込まれている。

東日本大震災の影響は多少残るものの、二〇一一年度後半は復興需要の高まりや世界的な資源・エネルギー価格の高値推移が続くとみられる。また円・米ドルの為替水準も二〇一一年一〇月には史上最高値の七五円台となったが、おおむね八〇円から八五円の範囲内で推移すると予測されている。一方で懸念材料は、金融引き締めなどによる中国経済の一時的な停滞、アメリカ経済の回復の遅れなどである。

ところで、総合商社の利益指標には種々の項目があるが、そのなかに基礎収益（プライマリーバランス、貸倒引当金繰入額控除前営業利益＋金融収支＋持分法損益）というのがあり、商社の実態利益を示すものとされている。また当然のことながら当期連結純利益も重要な指標で、全産業・企業との比較の上でも無視できない。

一方、金融収支の動向は、商社の投融資企業化が進行しているだけに注目される項目である。また有利子負債の多い商社にとっては、財務力や経営の安定・健全性を示す指標の一つ、ネットＤＥＲ（デット・エクイティ・レシオ、株主に対する負債比率）も重要な指標といえる。

以下では、いくつかのポイントを商社ごとに概観してみる。

2011年3月期連結決算の重要財務指標

（単位；億円、カッコ内前期比増減率＝%、△印はマイナス）

社名・項目	期	株主資本	総資産	株主資本比率	1株当純利益	基礎収益
三菱商事	11/3	32,844 (10.9)	113,474 (4.5)	28.9%	281円80銭	6,048 (59.4)
	10/3	29,625	108,569	27.3%	167円28銭	3,794
三井物産	11/3	23,662 (6.1)	85,981 (2.7)	27.5%	168円05銭	6,187 (96.7)
	10/3	22,301	83,690	26.6%	82円12銭	3,146
住友商事	11/3	16,199 (2.3)	72,693 (1.8)	22.3%	162円18銭	3,026 (48.6)
	10/3	15,837	71,378	22.2%	124円15銭	2,036
伊藤忠商事	11/3	11,548 (5.1)	56,737 (3.6)	20.4%	101円84銭	3,329 (71.3)
	10/3	10,984	54,768	20.1%	81円09銭	1,943
丸紅	11/3	7,736 (3.8)	46,791 (2.0)	16.5%	78円63銭	2,238 (44.9)
	10/3	7,453	45,866	16.2%	54円89銭	1,544
双日	11/3	3,300 (△6.4)	21,170 (△2.0)	15.6%	12円77銭	419 (191.0)
	10/3	3,524	21,609	16.3%	7円08銭	144
豊田通商	11/3	5,955 (1.8)	24,362 (7.1)	24.4%	134円78銭	1,026 (65.2)
	10/3	5,851	22,745	25.7%	78円08銭	621

注）双日と豊田通商の株主資本および株主資本比率の項目には自己資本および自己資本比率を記載。

注）基礎収益＝貸倒費用繰入額控除前営業利益＋金融収支＋持分法損益。

2011年3月末の有利子負債残高とDER

（単位；億円、カッコ内は10/3月末、△印は減）

社名・項目	有利子負債(A)	ネット有利子負債(B)	A増減額	B増減額	GROSS DER	NET DER
三菱商事	42,576 (41,547)	29,473 (29,682)	+1,029	△209	1.30 (1.40)	0.90 (1.00)
三井物産	33,775 (34,717)	19,339 (20,557)	△942	△1,218	1.43 (1.56)	0.82 (0.92)
住友商事	37,529 (36,007)	30,418 (27,818)	+1,522	+2,600	2.32 (2.27)	1.88 (1.76)
伊藤忠商事	22,684 (22,093)	16,332 (17,261)	+591	△929	1.96 (2.01)	1.41 (1.57)
丸紅	22,568 (23,001)	16,156 (17,064)	△433	△908	2.71 (2.88)	1.94 (2.13)
双日	11,163 (11,953)	7,006 (7,378)	△772	△372	3.38 (3.39)	2.12 (2.09)
豊田通商	8,341 (7,338)	5,814 (5,630)	+1,003	+184	1.40 (1.25)	0.98 (0.96)

注）三菱商事〜丸紅まで米国式、双日と豊田通商は日本式の会計基準による。

注）丸紅のDERは連結純資産を分母にした計算により算出している。

注）双日と豊田通商のDERは少数株主持分などを除いた自己資本を分母にした計算による。


（上下ともに「商社レポート」No.518より）

三菱商事

過去最高益に迫る連結純利益四六三二億円（二〇一一年三月期）という水準は、日本企業全体から見ても本田技研やＮＴＴなどに次ぐ第四位のレベルであり、国際水準でも遜色ない。

好業績の要因は、原料炭価格の上昇により、オーストラリアで石炭をベースに開発・販売を行なうＭＤＰ（三菱商事一〇〇パーセント出資）の取り込み利益が一三五八億円（二〇一〇年度）という規模に達しているためである。

このＭＤＰを管轄する金属セグメントの純利益が、二三〇一億円と約五割を占めている。これに原油やＬＮＧを担当するエネルギー事業セグメントの九四〇億円を加えると、純利益の七割近くが二つのセグメントで占められていることになる。また、二〇一一年一一月にはアングロ・アメリカン（英国）の銅資産保有子会社（チリ）の株式二四・五パーセントを約四二〇〇億円を投下して買収し注目された。

機械事業セグメントでは、タイやインドネシアでの事業が好調で、三菱自動車の海外事業や電気自動車の今後に期待がかかる。なお、二〇一二年三月期の連結純利益を四五〇〇億円と前期比二・八パーセント減を見込んでいるが、今後の市況動向、世界経済の動きによっては上方修正される可能性もある。

新しい中期経営計画（後述）のもと、社内の機構や諸制度の改革も進んでいる。また、国内対応としては関連会社の旧菱食、旧明治屋商事、旧サンエスなどが統合した三菱食品の今後のフードチャンネル構築が注目される。

三井物産

二〇一一年五月に三井物産（直接的には子会社の三井石油開発）は、懸案となっていた米国のメキシコ湾探鉱区での原油流出事故に関連して、オイルメジャーのBPとの間で和解金約八八六億円を支払うことで合意した。

その影響により、二〇一一年三月期の連結純利益は三〇六七億円となったが、それでも高水準である。

セグメント別では、金属資源とエネルギーの両部門で全体のほぼ七割以上を占める。とくにブラジルでのヴァーレ社（金属資源会社）への投資会社ヴァレパール社（一五パーセント出資）や、オーストラリアでのミツイ・アイアン・オア・デベロップメント（一〇〇パーセント出資）の鉄鉱石の生産量の上昇と価格高騰が好業績に結びついた。

注目されるのは、二〇一一年三月期の基礎収益が、六一八七億円と商社のなかで首位に立ち、二〇一二年三月期の純利益予想も四三〇〇億円と、高い利益水準にあることである。

今後も、鉄鉱石をはじめとする金属資源とサハリンⅡなどのエネルギー部門が好調に推移するとみられ、海外戦略もブラジルへの投融資残高が約五〇〇〇億円に達するなど大きな商権を築いている。また、電力事業などの社会インフラ関連で、メキシコでも実績をあげはじめている。加えて、インドネシアを筆頭にマレーシア、中国などアジアへの人員増加を推進しており、中国、台湾、韓国及びロシア・CIS諸国を本社直轄体制とした。

大震災の影響でLNGの需要が高まりをみせるなか、ロシアでのサハリンⅢや東シベリアでの資源開発にも期待がかかる一方、食料・リテール、コンシューマー・情報産業のいわゆる生活産業部門の強化が課題となっている。

伊藤忠商事

二〇一一年三月期の基礎収益力三三二九億円、二〇一二年三月期の連結純利益を二八〇〇億円と見込むなど、近年、悲願としてきた利益で三位の座をうかがうまでになった。二

○一○年から行なわれた、営業部門と本社管理部門の大幅な見直しや、社内会議の削減などの諸制度の改革と効率化が功を奏した形となっている。

セグメント別では、オーストラリアでの鉄鉱石の開発・取り扱いなどを行なっている金属部門が、純利益の七割弱を占めている。

伊藤忠商事は、伝統的に食料や繊維といった生活産業部門に強い。例えば、日本アクセスを中心に、四社の食料関連会社の統合で、さらなるSIS（ストラテジック・インテグレーテッド・システム）の構築を図っていく方針である。

海外では依然として中国への注力ぶりが目立つ。同国への投融資残高は一四六八億円（ネット、香港を含む）、営業債権残高は一〇八〇億円と多額となっている。国務院直系の中国中信集団公司（CITIC）と包括提携し、投資事業などを行なう一方、トルコで石炭火力発電設備や長大橋の受注に成功している。海外での電力など社会インフラ関連での一層の事業拡大が、今後の課題となっている。

住友商事

アジアでの自動車販売金融やアメリカでの鋼管事業、オーストラリアでの石炭事業などが好調で、二〇一一年三月期の連結純利益は二〇二七億円となった。

とくに注目されるのは、すべての商品セグメントで黒字となっていることで、バランスのとれた業態となっている。例えば、オーストラリアでの石炭事業に加えて、銅・銀・亜鉛などの鉱物資源案件を担当する資源・化学品事業部門が占める純利益の割合は四割弱と、ほかの大手商社に比べて相対的に低い。現在のように世界的な資源価格高水準状況下では〝割り損〟を食っているともいえる。

その一方で、独特な取り組み案件も少なくない。メディア・ライフスタイル事業部門では都市型CATV事業を進めるジュピターテレコム関連があり、新しいリテール戦略の基盤ともなっており、提携しているKDDIとの相乗効果が注目される。また、銅、鉄鉱石、レアアース（希土類）などの資源開発への取り組みもこれからの注力分野となっている。海外ではベトナムやアメリカ、中国などでの事業拡大が注目される。

丸紅

二〇一二年度三月期の純利益を、一七〇〇億円と過去最高益を予想している。基本的に電力・インフラ部門に強く、電力資産の目標を一万一〇〇〇MWと、積極的な方針を掲げている。そして近年は、トウモロコシや小麦を取り扱う日本型穀物メジャーとしての地位も築き上げている。

また金属資源では、チリでのエスペランサ銅鉱山をはじめとする鉱物資源の開発を手掛けている。一方、南米、インド、アフリカ、中国などの海外拠点の拡充も進めており、現地法人の丸紅アメリカ（MAC）の業績も良好である。

課題は、丸紅グループが二九パーセント以上の株式を所有し密接な取引を行なっているダイエーを、いかに立て直し、企業価値の向上を図っていくかだろう。

双日

レアアースやレアメタルの開発などで、輸入メジャーとしての存在感を高めている。自動車事業の取り扱いやオーストラリアでの石炭事業などで、二〇一一年三月期の連結純利益は一六〇億円となった。

双日は、ボーイング社との長年の提携により、わが国の空運・航空機産業に果たしてきた役割は大きい。近年は、ベトナムや中国、インドなどに加えてアンゴラやナイジェリアなどのアフリカ諸国で商権を開拓し、拠点・人員の充実に注力している。最近ではエネルギー・金属部門の強化を図り、原油やガスの権益取得に動いている。
全営業セグメントで、量的拡大が課題となっている。

豊田通商

二〇一二年三月期の連結純利益予想を前期以上の六六〇億円とし、堅調な水準を予想している。東日本大震災によるトヨタ自動車の影響が懸念されたが、金属本部やエネルギー・化学品本部の活動に期待がかかる。海外では中国、アメリカ、タイなどでの投資が増える傾向にある。最近では、オーストラリアでガス生産プロジェクトの権益を取得するなど大型案件に取り組む方向にある。

資本・業務・人材面でトヨタ自動車との関係が深いが、中・長期的には非自動車分野の拡充が課題となっている。

第三章　産活法に見る、〝官〟の認識

総合商社の位置づけ

先述したように、総合商社にはいわゆる直接的な行政上の許認可をともなう〝業法〟もなく、厳密な意味で定義づけが定まっているわけではない。

しかし、リーマンショックを契機とした景気低迷のなかで、二〇〇九年六月に経済産業省が告示した産活法（産業活力の再生及び産業活動の革新に関する特別措置法）にもとづく事業分野別指針のうち、「総合商社の活力の再生に向けた基本指針」によると、次のように記されている。官庁が現在の総合商社をどのように位置づけ、認識しているかを理解し、かつ、近年の総合商社の全般的な傾向と行動を端的に知る上で参考になると考えられるので、長くなるがここに掲げることとした。

官の基本認識

一　本指針の対象範囲について

本指針の対象とする総合商社とは、日本標準産業分類細分類五〇一一「各種商品卸売業」に分類される事業を営む事業者のうち、資源・エネルギーから医療や情報産業など複数の多様な事業領域に網羅的に事業参画し、かつ、資本金五〇〇億円を超える者である。総合商社は、他の商社と比較すると事業規模が大きく広範な事業領域を有しており、それらに基づく独自のビジネスモデルを形成している。（以下略）

二　基本認識

総合商社は、サービス産業（第三次産業）全体の売上高の約一割に相当する売上高規模を有している。また、最近では、資源・エネルギー分野における収益増等を背景として急速な業績回復をみせており、総合商社の労働生産性は他産業と比較しても高いレベルにある。しかしながら、その収益構造を子細に見た場合、資源・エネルギー分野等の特定分野からの収益への依存や、事業子会社を多数抱える等、グループ全体での効率的な経営に課題を抱えている状況も見て取れる。

一方で、総合商社は、輸入から国内流通、販売といった、バリューチェーンの川上から川下までの一貫したビジネスノウハウを備えており、例えば、総合商社がこれまで進出してこなかった医療等のサービス分野に進出することによって取引先の間接的な生産性向上を実現し、自らの収益を確保することも可能な業界である。

このように総合商社が有する業務ノウハウ等を活用することにより一連の取引全体の生産性を向上させることが総合商社自身の収益を下支えすることに加え、新たなビジネス展開による収益源の多様化により収益構造を安定化させることで総合商社の生産性の向上が可能となり、ひいてはサービス産業全体の成長、我が国経済の健全な発展に資するものと考えられる。

また、我が国のサービス産業分野は生産性が低く、その向上が急務とされているが、総合商社が同分野へより一層進出し、その突出した総合力及び資金力を活かすことにより同分野の生産性向上に寄与することが期待される。

こうした総合商社の現状と課題は以下のように整理・分析することができる。

1　市場環境

総合商社の連結総売上は平成一五年度まで縮小傾向にあったが、平成一八年度末までに約八〇兆円まで回復しており、国内他産業と比較しても事業規模は相当大きい。また、第三次産業全体の平成一八年度年間売上高九四六兆円の約一割に相当する規模となっており、総合商社が占める位置付けの大きさを示している。

収益の面では、かつては有利子負債による金利負担が現在よりも大きかった結果、相当程度収益が圧迫されていたが、その後株主資本に対する有利子負債の規模が平成九年度の七・一倍から平成一八年度には一・六倍まで低下するなど、各社の財務体質改善努力により業績が回復し、また当期純利益は過去一〇年間で四六倍（一兆三三〇〇億円増）の増益を達成している。このことからも、近年の総合商社の業績は好調であることがうかがえる。

しかしながら、急速な業績回復は、資源・エネルギー分野など特定事業分野の業績向上に支えられており、最近の総合商社の連結当期純利益においては、資源関連分野の占める比率が五〇%を超える水準で高止まりしている。特定の事業分野に収益を依存し続けると、将来的には収益構造の不安定要因となる可能性がある。

総合商社が今後とも生産性向上による持続的な成長を堅持していくためには、高収益事業分野への継続的な投資活動に加え、これまで比較的重点を置いていなかったサービス産業など非資源分野への積極的な新規事業拡大等を通じて、財務の健全性維持に留意しながら効果的に投資拡大を促進し、「収益源の多様化」と「収益の安定化」を達成することが課題となる。

2　雇用環境

平成一九年度における総合商社の従業員数は、連結対象子会社を含めると約二七万人であり近年増加傾向にあるが、親会社単体でみると約三万人である。これは、親会社から連結対象子会社へ業務と人材を「外出し」した結果と推察される。

特に注目すべき雇用環境の変化としては、事業の中心が従来の「物流の仲介業務」から連結対象子会社を通じた「事業投資型」に移行していることに伴い、従業員に求められる素養・能力も新しい事業形態に即したものに変化していることが挙げられる。仲介業務では取扱商品に対する目利き力や特定の産業分野に特化した知識・能力が求められていたが、近年の事業投資型業務には、事業会社の経営・運営能力に加えて、原材料調達から製造・加工、商品企画や顧客へのサービス提供まで、サービスの川上から川中・川下までのいわゆる「バリューチェーン」全体にわたる高い専門性が求められるようになってきており、従来必要とされていた能力では十分に対応出来ない可能性がある。

また、海外展開の進展に伴い、現地の法規制や雇用制度等、現地事業会社運営に必要な知識を有する現地人役職員の確保・育成が急務となっており、今後予測される更なる海外展開に対応するためにも、海外で雇用する外国人従業者数は引き続き増加することが見込まれている。

国内においても、少子高齢化による労働市場の縮小により、適切な人材の確保がより一層困難となることが見込まれる中で、効率的な事業経営に必要な労働力を、数の面で確保する必要がある。また、従来は新卒採用を中心とした人材の内製化が主流であったが、必要とされる人材像の変化に対応するため、中途採用や再雇用等により人材を多様化させるなど、質の面でも様々な取組が必要であると考えられる。

3　事業構造の特徴

総合商社の事業構造の特徴として、親会社は戦略企画機能に特化しながら実際の事業は事業会社を設立して行い、事業からの撤退とともに当該子会社を清算するという点が挙げられる。その結果、総合商社の連結子会社数は他に類を見ない規模にまで増加し、事業整理と効率化の観点から、事業会社の選択と集中が総合商社共通の課題となっている。

また、不採算事業からの撤退やグループ内外企業間における重複事業統合など、総合商社各社の収益改善努力により事業会社の選択と集中が進み、事業の整理・再編は一定の成果を見せているが、連結対象子会社の数は過去五年間においてほぼ横ばいとなっており、平成一九年九月現在でも未だ四〇〇〇社を超えている状況である。

三　指針策定の必要性

総合商社は、他事業分野に比べて高い生産性を有しているものの、収益の不安定性などのリスクを抱えていることから、収益源の多様化や新規事業参画等を通じた安定的な収益力を確保することで、商社自身の生産性向上による持続的な成長を図ることが期待される。

また、近年総合商社が積極的に事業展開している小売や金融、情報サービス、医療・介護等のサービス分野における生産性は、総合商社や製造業などの他業種や諸外国と比較して低い水準にある。総合商社は、産業バリューチェーン全体へ関与することで、原材料調達や物流にかかるコストを一層削減したり、顧客ニーズの的確な収集と上流へのフィードバックなど、全体最適の視点から事業の効率化を進め、対面業界（総合商社の顧客が属する業界）に事業参画して生産性を向上させることができる。これは、総合商社自身の生産性向上や持続的成長にもつながるものであるが、こうした視点から言えば、総合商社にとってもバリューチェーン全体に関わる形で事業を展開することが望ましいといえる。

他方、一般的にサービス産業においては生産性の向上が急務とされている。総合商社が同分野へ進出することで、調達、物流、金融、情報収集、顧客ネットワークなどの知識・能力を活用した新たな事業形態の導入や市場・収益規模の拡大、物流・事業スピードの加速化などがもたらされ、産業全体の事業効率の向上にも影響を与えると考えられることから、総合商社のサービス産業への参入における課題やその生産性向上に求められる方向性を検討することは、総合商社自身のみならず、サービス産業全体の生産性向上にもたらす波及効果も大きい。

このような背景から、本方針においては総合商社が展開する事業分野に共通した横断的観点と、総合商社によるサービス産業分野への事業参画が総合商社自身に加え、参入する業界の生産性向上にも波及することが期待されることを踏まえたサービス産業分野への事業参画に着目した観点の双方から、総合商社の生産性向上に向けた基本的な方向性を示すこととする。

四　生産性向上に関する基本的方向性

1　分野横断的事項

イ　事業の選択と集中

総合商社は関連事業会社間の業務重複などの課題を踏まえて積極的な整理統合を進めてきたが、依然として連結対象子会社は四〇〇〇社を超えており、不採算事業からの撤退や事業統廃合など、更なる事業効率の改善余地が残っている。特に連結対象企業の子会社（いわゆる孫会社）など、多重組織構造の下層に属するような小規模事業会社には企業統制管理が行き届きにくいため、事業の整理統合など組織の最適化を進める必要がある。

今後も、バリューチェーン全体としてバランスのとれた収益モデルの構築と収益の最大化の観点から事業の生産性と効率性を再評価した上で、グループ内関連企業の整理を推進するとともに、他業界を含めたグループ外企業との重複業務についても統廃合を促進するなど、事業効率の更なる向上と競争力の強化が必要である。

ロ　グローバル経営人材の確保

先に示したとおり、総合商社のビジネスモデルは、従来の物流仲介業務から事業投資型に移行してきており、事業会社の経営、収益性の再評価による事業投資先の判断や新規事業分野の開拓など、業務環境は大きく変化している。

これらの変化に伴い、総合商社ビジネスに求められる人材像は、従来の仲介業に適応した人材から①新規分野の開拓ができる、②川上から川下までバリューチェーン一連の専門知識を持つ、③事業経営のできるマネジメント力を持つ人材に変化してきている。

今後、新たな事業モデルに求められる人材を確保するため、総合商社各社は人材育成制度の見直し等を積極的に実施し、事業会社の経営などを通じた役職員の経営能力と専門知識の向上を図る必要がある。また、より高い専門性が求められる海外事業展開等に適正に対応するため、海外現地人材の採用と主要ポストへの登用を促進するとともに、中途採用、再雇用など業務経験が豊富な人材の活用を通じて、人材の多様化を促進する必要がある。

2　サービス産業分野に関する事項

イ　産業バリューチェーン全体への事業展開

総合商社が自身の生産性向上による持続的成長を確保するためには、サービス産業のバリューチェーン全体に包括的に関与し、多面的な事業経験に基づく総合力を最大限に活かしていくことが一つの方策として考えられる。

具体的には、従来の物流の仲介業務に加え原材料調達から小売流通・サービス事業まで関与することで、原材料調達における購買スケールメリットや物流システムの共有によるコストの低減が可能となり、さらに小売やサービスの顧客ニーズの的確なフィードバックと、それに対する価格や生産量の調整、在庫管理などの対応の柔軟性を確保することで、バリューチェーンの川上・川中・川下のそれぞれを個別に分析・判断する部分最適から、バリューチェーン全体を見据え、業務の最適化と効率の最大化を目指す全体最適の経営に移行することが可能となる。

また、総合商社の持つ物流機能、情報収集能力、コンサルティングなどのノウハウ、事業経営人材派遣やビジネスパートナーの紹介などのネットワーク機能、事業投融資などの金融機能等を総合的に提供する能力など、既存のサービス産業界には不足している総合商社の優位性を活用し、対面業界のバリューチェーンの創造・変革や効率化、市場の拡大を図りつつ、適切な事業運営とコスト管理によって、サービス産業界から安定的に収益を回収することが可能となる。

さらに、総合商社が対面業界に参入し、その優位性を活用した新たな事業形態の導入や市場・収益規模の拡大、物流・事業スピードの加速化をもたらすことにより、対面業界においても競争が誘発され、事業モデルの革新に向けた気運が醸成されることで産業全体の事業効率が向上する触媒効果も期待される。

ロ　国内のサービス分野における新規事業開拓

総合商社は、資源・エネルギーなど特定の高収益分野に偏ることなく、限られた経営資源を有効活用しながら、これまで事業参画が手薄であった新しい分野での事業開拓・新規参入を検討する必要がある。

特に医療・介護、金融、環境などを含めたサービス産業分野への事業参画によって、商社のビジネスネットワーク等の総合的機能を導入することで事業効率の向上や新規事業モデルの提案等の効果が期待される。具体的には、商社が有する高い物流機能や、情報通信技術の導入による物流システムの高速化に加え、原材料調達から小売まで商品の流れを一元管理する電子タグ基盤の整備等による事業の効率化など、多くの産業との接点や世界的事業ネットワーク、ビジネスにおける企画・提案や物品・サービスを包括的に管理できる強みを活かした、新しいビジネスモデルを構築・導入することで収益源の多様化を図りながら生産性の向上を達成することができる。

また、対面業界の生産性向上は、安価で良質なサービスの提供につながり、結果として総合商社の生産性向上にもつながることが見込まれる。

ハ　新しい分野での海外事業展開

海外におけるビジネス機会は、資源分野だけでなく、小売や医療など非資源分野においても拡大している。特に海外での原材料調達等、総合商社の優位性が発揮できる分野において、既存物流網の活用などによる費用対効果向上や、スケールメリットを活かした調達コストの低減効果が見込まれる。

五　その他の配慮事項

総合商社が事業統廃合、事業再編を実施するに当たっては、グループ内労働者の雇用の安定に配慮し、労働者の十分な理解と協力を得る必要がある。

また、総合商社の参入によって対面業界の事業再構築や組織再編等を実施するに当たっては、雇用する労働者の理解と協力を得るとともに、失業の予防とその他労働者の雇用の安定を図るための必要な措置を講ずることが重要である。

医療・介護・福祉分野への参入（三井物産の取り組み）

周知のように、急速に進む高齢化社会の進行にともない、その対応が官に限らず、総合商社にも期待がかかっている。その分野の一つに、医療・健康産業や介護・福祉分野が挙げられる。しかし、同分野はさまざまな規制や法律上の問題があり、比較的短期間で上げられる利益を追求する総合商社の体質には、これまでなかなか馴染まなかった。それでも各商社が少しずつ同分野への取り組みを行なっている。

たとえば三井物産は、営業部門のコンシューマーサービス事業本部のなかに、メディカル・ヘルスケア事業第一部と同第二部という体制を敷き、製薬会社からの業務アウトソーシングの需要に対応して、治験支援や製造支援、販売支援などを行なっている。総合メディカル（本社、福岡市）を通じて病院・医師などへのコンサルタント事業を行なっているほか、二〇一一年四月にはメルシャンの子会社で医療・化学品事業を会社分割によって継承するエムビーエス（現 日本マイクロバイオファーマ）の全株を取得し、医薬品製造事業の中核と位置づけている。また同社は、中国広東省深圳で医薬品の製造販売を行なうなど、成長が見込める中国への取り組み強化を図っている。

また、海外で注目されるのは、三井物産が同じく二〇一一年四月に、子会社を通じて、マレーシアのインテグレイテッド・ヘルスケア・ホールディングス社（ＩＨＨＳＢ）の三〇パーセントの株式を取得したことである。同社はマレーシアだけではなくシンガポール、インドなどで有数の病院グループを運営し、さらにトルコ最大の民間病院グループのアジバデム社の株式六〇パーセントを取得している。三井物産は、日本を含むアジアでの医療及び病院周辺サービス事業への本格的な足がかりを築いた。

このように総合商社は、医療やヘルスケア事業の分野へ進出するケースが出始めているのも、最近の大きな特徴となっている。

第四章　スタッフ組織と人事制度

コーポレート・スタッフの〝仕事〟

一般の事業会社でも同じだが、とくに商社の運営では、営業（ライン）部門と管理（スタッフ）部門が自動車の両輪のごとく回ることが大切とされている。両部門がそれぞれの役割と機能を発揮し協力し合うことで、社全体がうまく動き業績の向上につながるのだ。

そして近年商社は、各社の業績が良好になり、かつて見られないほど社会での影響力と存在感が増してくるにつれ、管理部門の重要性が高まっている。

商社の管理部門は、社を取り巻く経営環境や景気変動、自社の業績、社内情報通信システムの進行、あるいは社長（CEO）の交代などによって、所属する人員数に影響を受ける。また全社的な観点から、基本的に直接的な利益を生まない管理部門から営業部門への人員シフトが起きやすい。

そして、営業部門の人事管理や経理関係を管理部門にアカウントするのか否かでも、人員数が大きく違ってくる。ちなみに、三菱商事から双日まで総合商社六社の管理部門の人員数を長期的トレンドで見てみると、一九九四年から減りはじめて二〇〇二年で底を打っている。しかし、それ以降は上昇に転じ、現在では合計四〇〇〇人以上となっている。営業（直接）部門と管理（間接）部門の所属人数の割合は直・間比率といわれたりするが、その適正比率については各商社の置かれた状況、業績、その時々の経営幹部の考え方などによって異なってくる。

そして、経営企画、財務・経理、人事、総務、広報などの各部が所属する管理部門は、時にコーポレートスタッフ部門や職能部門、あるいは管理協力部門などと呼ばれ、各社それぞれの固有の体制で臨んでいる。

伊藤忠商事は二〇一〇年の社長交代を機に、二〇一一年の四月から従来の組織体制を大きく見直し新体制で臨んでいるが、「総本社」つまりは管理部門に所属していた一五部門を一一部門と大幅に削減している。管理部門一部あたりの業務内容、つまり〝仕事量〟はそれだけ広くかつ増大したことになる。

管理部門の事業内容（三井物産の場合）

商社の営業部門は、部名に自動車部や食料部など具体的に取り扱う商品名や事業名がついていて、外部からもその〝仕事〟の内容が推察できるが、管理部門は外部からはなかなか理解しづらいものだ。三井物産を一つの例にして、その業務内容、〝仕事ぶり〟を少し見てみよう。三井物産は、伝統的にあまり組織変更を行なわないが、二〇〇六年には内部統制やCSR（コーポレート・ソシアル・レスポンシビリティ、企業の社会的責任）などの諸課題があり、コーポレートスタッフ部門の強化が図られた。その後、経理部関係業務の見直しなどがされ、現在では一六部門二室という構成である。

国内外に多くの拠点と事業会社を擁する三井物産のような場合は、経営首脳陣の意向を前提としながらも、関連会社を含む連結ベースで全社の方向付けを検討する「経営企画部」の重要性と存在は大きい。

経営企画部は、担当する代表取締役常務執行役員の下で、約六〇人のスタッフが所属する多くの重要な「室」で構成されている。なかでも「企画室」は、代表権を持つ常務取締役以上の九名で構成される全社の最高意思決定機関の、「経営会議」の事務局を務める。また、全社が共有する中期経営計画の立案や推進を行なうと同時に、全社の組織・制度や企業文化の在り方なども検討する。ちなみに、二〇一二年三月期を目標とする中期経営計画「挑戦と創造――二〇一二」の策定作業を担当したのも、この部門であった。

「ポートフォリオ管理室」は多くのプロジェクトや事業投融資、関連会社などを含む全社的な観点から、資産の入れ替えや営業部門から申請されてくる稟議案件の窓口になり検討を行なう。ポートフォリオ管理委員会の事務局も務める。「業務室」は日本経団連、日本貿易会、日本商工会議所などの経済諸団体及び諸官庁、海外機関などとの折衝・交渉を行なう。また三井物産は、三井住友銀行、三井不動産とともに三井グループの社長会「二木会」の幹事会社となっているが、その事務局の担当も「秘書室」とともに果たす。注目されるのは、三井物産がクライアント・オフィサー（CO）制度を設けていることで、グループの重点企業を特定の常務取締役以上が担当しており、「業務室」はその事務局も担当している。

ちなみに同制度の対象企業は、トヨタ自動車、セブン&アイ・ホールディングス、パナソニック、ヴァーレ（ブラジル）、ペトロブラス（ブラジル）などである。

「海外室」は米州、欧州・中東・アフリカ、東南アジア、南西アジア、中国、ロシア・CIS諸国などへの市場対策と立案を、各地域本部長やおもな現地法人・支店などとともに練りグローバル戦略を推進する。また「情報戦略企画室」は、全社業務のIT化・情報化を立案・推進し、情報戦略委員会の事務局を担当している。「国内業務推進室」は東日本大震災による影響の対応と対策を行なうと同時に、国内での事業・ビジネスの強化を検討する。なお、担当役員のもとに所属する三井物産戦略研究所は、わが国有数のシンクタンクである。

「広報部」は大きく分けて、社会に向けての広報・広聴活動と、渉外活動や危機対応などを行なう。近年、商社の業績向上にともない各方面からの注目度は高まっている。自社の実像を正しく社会に認識・評価されるよう、各社が営業部門の協力も得て海外を含めての広報活動に力を入れるようになった。さらに三井物産の場合は、職場と家庭をつなぐコミュニケーションの一つとして、一九六四年から社内報を発行してきた。二〇一一年新年号からは、大判の英文併記にするなど連結経営とグローバル化を意識した内容に変えて新たに発刊した。

商社に限らず、最近、企業の社会的責任（CSR）が強く求められてきているが、これに対応しているのが「環境・社会貢献部」で、地球環境問題への取り組み（森林保護活動など）、ボランティア活動、コーポレート・ブランド強化などさまざまな活動を行なっている。

一方、企業の〝台所〟を担う財務や経理関係の部署には、「CFO業務部」「経理部」「市場リスク統括部」「信用リスク統括部」「総合資金部」「セグメント経理部」「事業管理部」「IR部」がある。こうした部署は、全社的なポートフォリオ戦略の推進、資金の低利かつ安定的調達、関係会社を含めた各種リスク管理を行なっている。

財務活動の例として、「総合資金部」の役割を見てみよう。

一番目には、金融機関及び資本市場への窓口として資金関連取引を行ない、約三兆三〇〇〇億円以上（二〇一一年三月期）もの連結有利子負債の質・量両面にわたる安定的調達、ロールオーバー（借り換え）の管理をしている。また、資金運営の効率化を目的とした日本、米州、欧州、アジア・オセアニアのインハウスバンキング（社内銀行）拠点では、内外一〇〇パーセント子会社を中心に資金の集中化・一元管理を行なっている。こうした業務を行ないながら、連結ベースでさらなる効率的なアセット・ライアビリティ・マネジメント（ALM、資産負債管理）を目指している。

加えて、営業案件や関係会社の財務関連業務、さらに年金基金などの業務に取り組んでいる。商社の諸活動は、一方でリスクに取り囲まれているといっても過言ではない。信用リスク、市場リスク、流動性リスク、さらにはオペレーショナルリスク（事務・システムリスク）、などに加えてカントリーリスクもある。

「市場リスク統括部」は、各種商品・固定資産・金利・通貨・有価証券などの価値が変動し財務内容に影響を与えるリスクを、ミニマイズ（最小限）するようマネージする部署である。

近年、鉄鉱石、原料炭、石油などの鉱物・燃料資源や、小麦やトウモロコシ、コメなど農産物価格の上昇が目立つが、相場商品の透明度の高いポジション（持ち高）での管理が重要度を増している。

「経理部」は連結決算の実務上の業務を行なう。三井物産は米国のナスダック市場に対してＡＤＲ（米国預託証券）の上場廃止を二〇一一年四月に申請し、廃止が決まった。一九六三年に米国で転換社債発行、一九七一年には商社で初の同市場にＡＤＲの上場を果たし、それ以降、世界の代表企業と並ぶ厳密なＳＥＣ（米国証券取引委員会）基準に則った企業として存在感を示し誇りともなってきた。

しかし、近年では内部統制強化の動きや、二〇一四年三月期以降から導入を予定されている国際会計基準（ＩＦＲＳ）への対応から、ナスダック上場の意味合いが薄れたために上場廃止としたものである。これによって経理部の事務作業は大幅に軽減され、ＩＦＲＳの対応へ注力することになった。

「ＩＴ推進部」の役割も重要だ。商社の多岐にわたる事業展開は、必然的に成約・決済条件、物流手段、財務・経理、人材などに関連する社内の膨大な事務作業をともなう。この機械化・情報化は全社の運営上からも重要なポイントで、一般企業でいえば設備投資ないしは開発・研究投資にあたるともいえ、三井物産は連結ベースで年間四九〇億円もの費用を投じている。

三井物産が取り組んでいるのは、「ＭＩＲＡＩ」（ミツイ・インテグレーテッド・リノベーティブ・アーキテクチャー・オブ・インフォメーション・システムズ）と呼ぶ次世代基幹システムで、ＥＲＰ（エンタープライズ・リソース・プランニング）ソフトは「ＳＡＰ　ＥＣＣ６・０」をベースに若干の改良を加えたものである。ＩＴ推進部はその中核的存在だが、「経営企画部」、「ＣＦＯ業務部」や次の「ロジスティクスマネジメント部」とともに現場展開体制を採っていることから、同部に所属するスタッフ数も多い。

なお、三菱商事や三井物産などの大手商社の各部に所属するチームリーダー以上にはブラックベリーやアイパッド、スマートフォンなど携帯情報端末が支給されている。

「ロジスティクスマネジメント部」は物流全般の政策立案、営業部門との共同作業などを行なう。国内外の受け渡し手配、書類作成業務及び決済業務などの実務は関係会社の三井物産トレードサービスが担当する。

三井物産は営業、経理、運保（運輸・保険、現在の物流・ロジスティクスマネジメント）を〝三権分立〟とする社の運営の基本とする伝統があり、現在もその考え方は受け継がれている。

商社はヒトなり（三菱商事と住友商事の人事制度）

商社は種々の機能を駆使しながら国内外で多くの事業を展開しているが、基本的にメーカーのように設備や機械、技術を所有しているわけではない。いわば、商社はヒトが最大の資産・財産であり、人材がすべて、といっても過言ではない。

三菱商事のキャリアバンドと職責区分

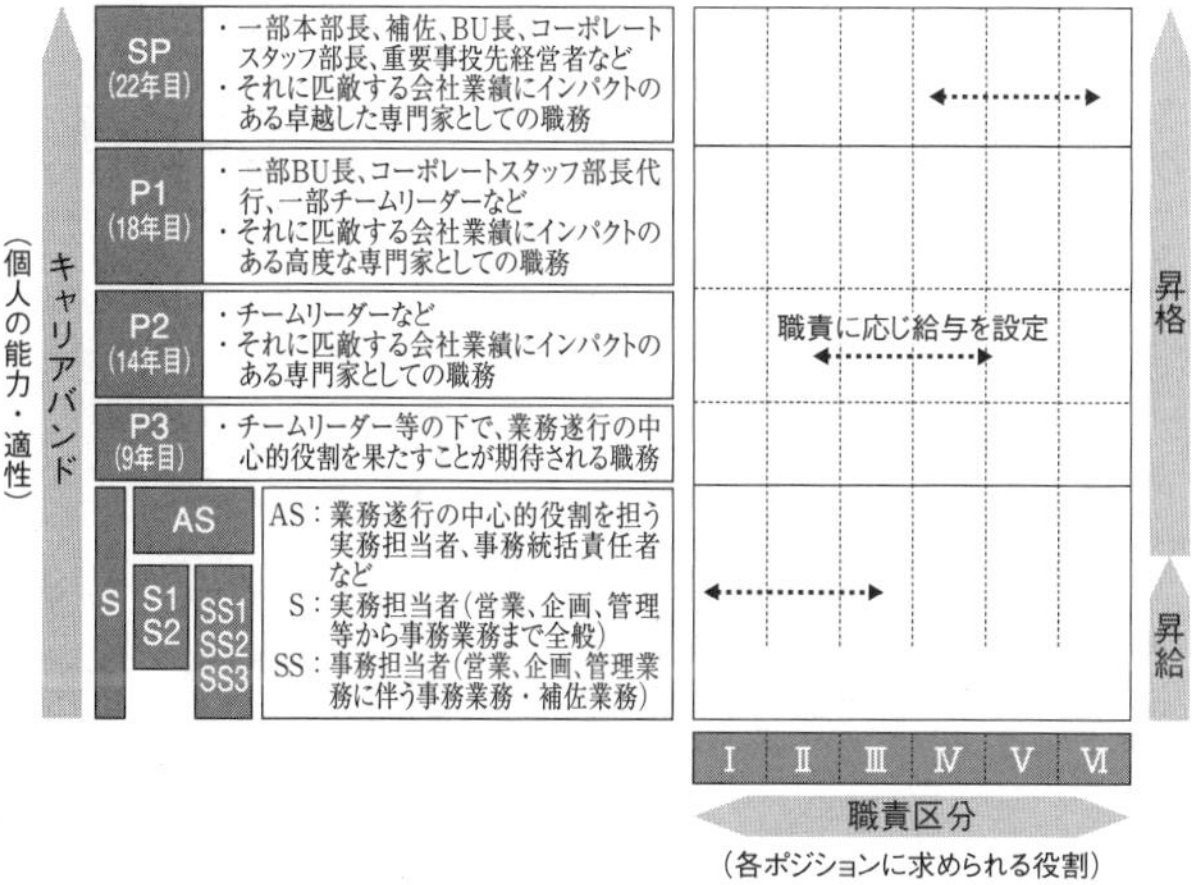

このため各社は「人事部」（社によっては「人事総務部」）を中心に、全社レベルで人事制度、人材開発、研修・教育制度などに工夫を凝らしている。もちろん人事制度・体系などといっても固定的なものではなく、社会情勢の変化、その時々の経営幹部の考え方、自社固有の事情などが重なり、絶えず変化するものである。以下で各社の特徴を概観してみよう。

三菱商事の人事制度の特徴は「キャリアバンド」（資格）を基準に「職責区分」の考え方を取り入れていることにある。

キャリアバンドというのは、個人の能力や適性、年齢に応じた資格を示し、最上位のシニアプロフェッショナルの意味を持つSPからスタッフのSまで五区分されている。職責区分は各職務に要求される役割、責任の大きさを表し、IからⅥまでの六段階あり、会社への貢献度や知識、技能などを総合的に判断して、個々の社員の処遇に反映している。職責は上から、VからⅥがビジネス・ユニット（BU）リーダー、部長格でⅢからVまでがチームリーダーとなっている。

キャリアバンドの昇格は、中長期的視野から個人の能力は当然、行動性など定性的な判断で決まるが、SPクラスで構成されるグループ内委員会で審議され、評定はグループCEOが最終決定を下す。なお、実際に社員が受け取る報酬（年収）は基本給、個人成績加算給、全社業績連動給の三要素が基本だが、営業部門であれば各本部、管理部門の場合は部単位の業績評価が加味される。

報酬額は、キャリアバンドで上位になるほど全社業績の割合が高くなり、逆に下位は固定給の割合が高くなる。そして、三菱商事に限らず近年の個人や組織に対しての業積評価は中長期的な観点から、定量面よりも定性面での評価基準をより重視していく方向に移ってきているのが特徴となっている。これは近年、取り組むプロジェクトが大型化・複雑化していることと、継続的な業務、あるいは具体的には目に見えないが重要な対外的活動、たとえば環境問題への配慮など定性的な活動が要求されるケースが増加してきているためである。

人事制度・体系の在り方として、ユニークなグレード制という制度を導入しているのが住友商事である。

同制度では基幹職（総合職）の場合、新入社員からすぐの四年間は基幹職（総合職）C級に位置づけされ、その後六年間は基幹職B級としてランクされる。C級の四年間は社会人としての基礎・素養を身に付け、B級の六年間は商社マン・ウーマンとしての種々の経験・技能を積む。つまり、大卒の基幹職の場合、原則として、一〇年間は同期での競争はなく毎年の報酬もほぼ同一水準で昇給する。

こうして、三二歳頃から年齢に関係なく基幹職A級のカテゴリーに入り、その時々に担っている役割の大きさによって、M1からM6まで六段階に分けられ基本給に反映される。また、営業部門とコーポレートスタッフ部門でのローテーション、人事異動も行なわれる。その役割を「期待役割」と呼び、社員個々の①過去の実績・キャリア、②能力・資質、③現在の業務内容、④本人の意欲、そして中期経営計画目標並びに上司の期待・育成方針などが年に一度シート方式で埋め込まれる。その期待役割は以下の九項目から成っている。

［実行内容の期待水準］

①創造・変革　②折衝・交渉　③人材開発　④リーダーシップ

［実力の期待水準］

⑤知識・経験　⑥人的ネットワーク

［ポジション］

⑦ビジョン　⑧期待の大きさ　⑨組織のポジション

このグレード制は極論すれば、理論上は三二、三歳の若手社員から、定年に近いベテラン社員まで同じ土俵で実力を競い合うという図式も描ける。

従来の体系では、最短でも四二歳に達しないと部長にはなれなかったが、この制度であれば実力次第で三〇代前半の部長と五〇代のチーム長（課長）が併存することも可能となる（ただし、現実にはまだないようだ）。

また仮に、若くしてM３のグレードに所属しても、商社にありがちな外部のビジネス環境が悪化し、当初の目標通りの成績が上がらなかった場合は、当然M４へ落ちることになり報酬も減少することになる。

住友商事のこのシステムは、ベテラン社員よりも体力と能力に溢れた若手社員のほうが相対的に有利ともいえそうだが、定年延長を含めた経験豊富なベテラン社員を活用する施策も盛り込まれている。

人材開発と育成(三菱商事と伊藤忠商事)

最近の商社の人事政策で、特徴的なことの一つに人材開発・育成への注力が挙げられる。これは〝人材こそ最大の経営資源〟という基本的な考え方のもとに、各社がそれぞれ工夫を凝らして検討を重ねているのである。

三菱商事は競争力の源泉(信頼を得る行動、組織化して実行する力、新しい機能を生み出す先見力と情報力)を維持・強化するために、個々の人材には「信」(世界に通用する人間としての高い倫理観)、「力」(最後までやり抜き結果を出す力)、「知」(的確なソリューションの構築)に集約される基本的資質が求められる、としている。

これをベースに採用内定者の段階からミドル、シニア層に至るまで各層できめ細かい、

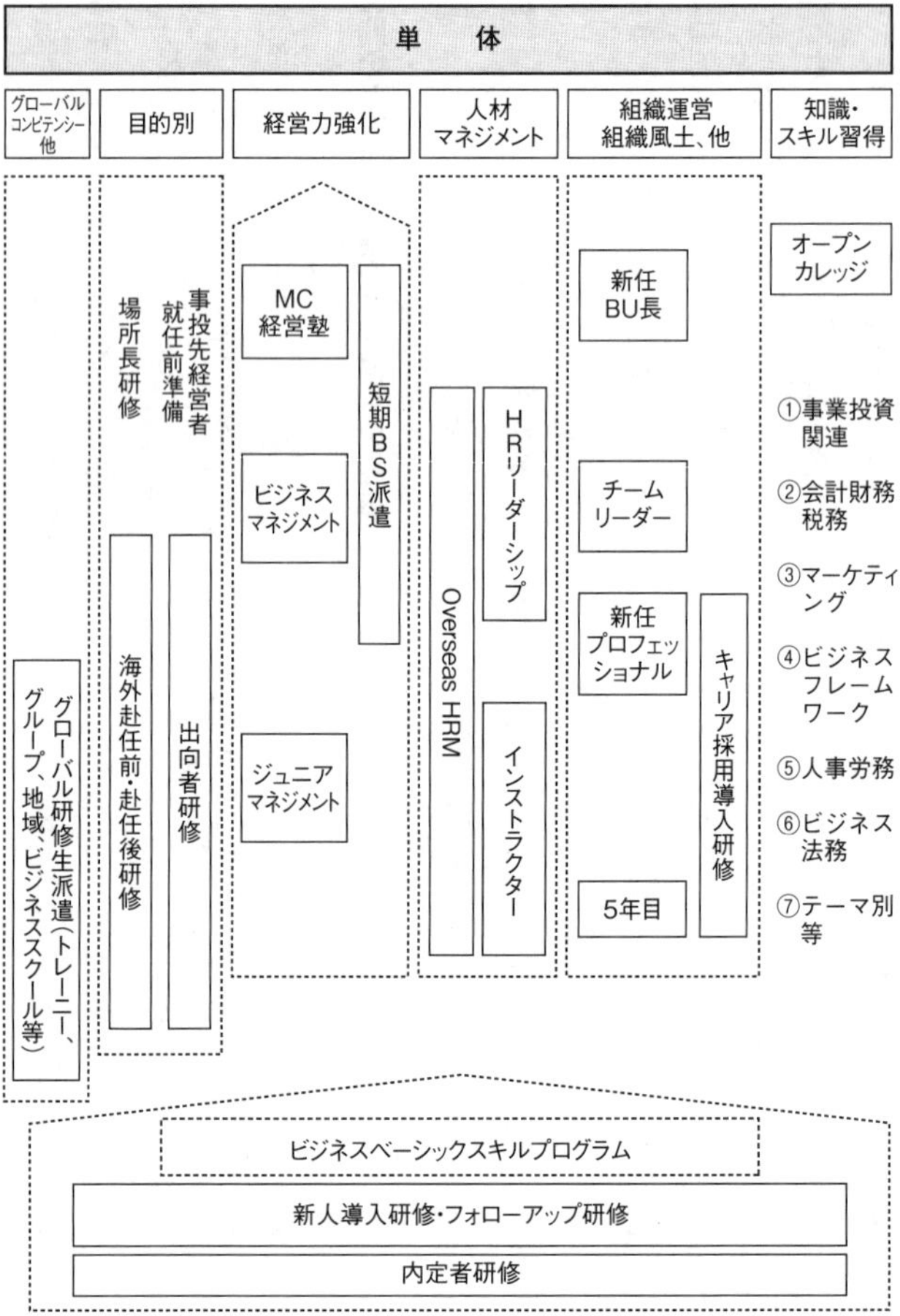
単　体
グローバルコンピテンシー他
目的別
経営力強化
人材マネジメント
組織運営組織風土、他
知識・スキル習得
グローバル研修生派遣（トレーニー、グループ、地域、ビジネススクール等）
事投先経営者就任前準備
場所長研修
海外赴任前・赴任後研修
出向者研修
MC経営塾
短期BS派遣
ビジネスマネジメント
ジュニアマネジメント
Overseas HRM
HRリーダーシップ
インストラクター
新任BU長
チームリーダー
新任プロフェッショナル
キャリア採用導入研修
5年目
オープンカレッジ
①事業投資関連
②会計財務税務
③マーケティング
④ビジネスフレームワーク
⑤人事労務
⑥ビジネス法務
⑦テーマ別等
ビジネスベーシックスキルプログラム
新人導入研修・フォローアップ研修
内定者研修
2010年10月現在

三菱商事の人材育成プログラム

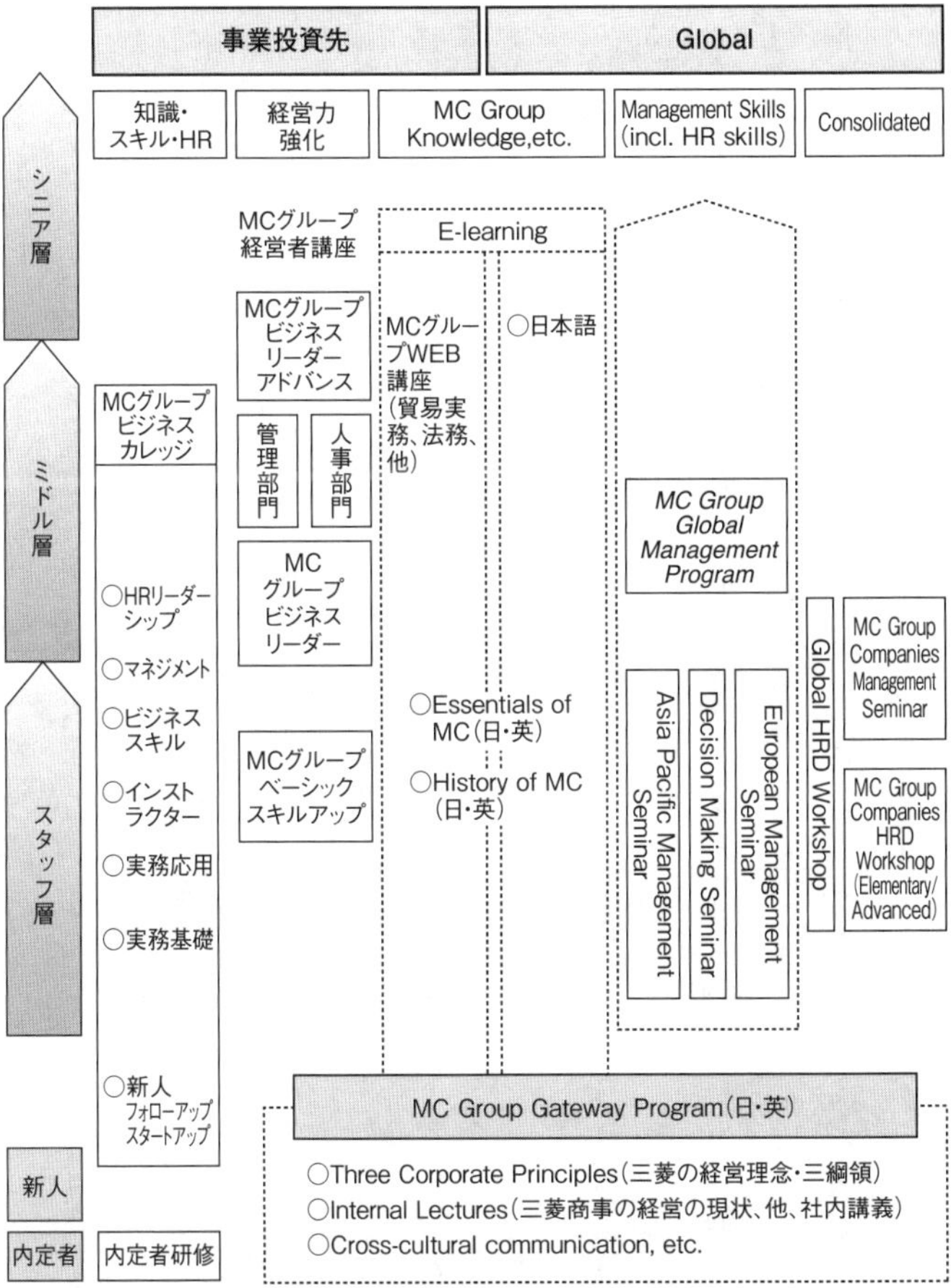
事業投資先
Global
知識・スキル・HR
経営力強化
MC Group Knowledge,etc.
Management Skills (incl. HR skills)
Consolidated
シニア層
ミドル層
スタッフ層
新人
内定者
MCグループ経営者講座
E-learning
MCグループビジネスリーダーアドバンス
MCグループWEB講座（貿易実務、法務、他）
○日本語
MCグループビジネスカレッジ
管理部門
人事部門
MC Group Global Management Program
MC グループビジネスリーダー
○HRリーダーシップ
○マネジメント
○ビジネススキル
○インストラクター
○実務応用
○実務基礎
○新人フォローアップスタートアップ
○Essentials of MC（日・英）
○History of MC（日・英）
MCグループベーシックスキルアップ
Asia Pacific Management Seminar
Decision Making Seminar
European Management Seminar
Global HRD Workshop
MC Group Companies Management Seminar
MC Group Companies HRD Workshop (Elementary/Advanced)
MC Group Gateway Program（日・英）
○Three Corporate Principles（三菱の経営理念・三綱領）
○Internal Lectures（三菱商事の経営の現状、他、社内講義）
○Cross-cultural communication, etc.
内定者研修

単体・連結・グローバル人材育成プログラムが編成されている。その内容の一端をまとめて示したものが先の表である。

そこには盛り沢山の〝科目〟が用意されている。日常業務をこなしながらカリキュラムを履修するわけだから、世間的には〝エリートの高給取り〟として羨望の的である商社マン・ウーマンの日常も、決して楽ではない。

このなかで近年の特徴として、連結体制の強化と事業投資（関係会社）の重要性から、それに関係する研修制度を充実させていることが挙げられる。たとえば、出向者研修やビジネスマネジメント、事業投資先経営者就任前準備プログラムなどである。

もう一つ、商社の人材開発で特徴的なことは、グローバル化に対応した体制の整備に各商社が注力していることである。

たとえば伊藤忠商事は、「世界人材」とは国籍・人種・性別・年齢にかかわらず多様性を受け入れ、世界的な視点を持って世界で活躍できる人材、と定義している。これを具体的に推進する組織として、ニューヨーク、ロンドン、シンガポール、上海の海外四拠点に世界人材・開発センター（GTEC、グローバル・タレント・エンハンスメント・センター）

を置いている。事務局として、東京本社には世界人材戦略室がある。

そして、世界各国のナショナルスタッフ（NS）のうち五〇名近くを約二年間、本社で受け入れる制度などを設けている。また、全世界・全階層の職務を対象に職務・職責の大きさを測定し、共通の尺度による区分を構築しており、効果的・効率的な人材管理・活用の推進や国籍にとらわれない人材の配置・登用・育成をグローバルベースで進めようとしている。

伊藤忠インターナショナル（ニューヨーク）のナショナルスタッフが、シンガポールや欧州の拠点に異動や出向というケースも起きている。将来的には、日本人社員も外国籍社員も区別なく、同一基準で世界中の各職務に従事することを目指している。

手厚いサポート体制（丸紅の支援策）

一方、少子高齢化社会の進行や個人の生きがいの探求などの視点から、企業社会全般で「ワーク・ライフ・バランス」（仕事と生活の調和）の推進が叫ばれるようになってきた。多忙な商社マン・ウーマンもそれぞれが多様な生き方を模索しているが、近年は会社側の理解も進み、それに合わせて多彩なメニューを用意している。

たとえば、丸紅の役職・一般社員は子供が二歳になるまで妊娠・育児休業が取得でき、家族が要介護状態に至るたびに介護休業がとれる。また、配偶者が海外転勤した場合、その同行を三年間認める配偶者転勤休業制度というのもある。さらに以下のような拡充策も設けられている。

・復職時保育サポート手当

保育所に入所できない、いわゆる待機児童の急増が社会問題化するなか、産前・産後休暇及び育児休業を取得した社員が、希望時期に復職できるようにするためのものである。一日一〇時間まで（日中）の保育サービスにつき、月額一〇万円を超える費用を最大月額二〇万円、最長六ヵ月間補助する（認可保育所に入園枠を確保できない場合。おもにベビーシッターの利用を想定）。

・育児・介護セレクトタイム

保育園送迎や家族の介護などにより、定時勤務が困難な場合でも、フルタイム勤務が可能となるように一日一時間まで、一五分単位で始業時刻の繰り上げ・繰り下げができる時差勤務制度を導入。なお、一日一時間を上限に育児・介護時間（短時間勤務制度）との併用もでき、育児目的の場合、小学校四年生六月末まで利用できる。

・出生後八週以内の育児休業の有給化

父親の育児休業取得促進を目的とし、子の出生後八週以内に開始・終了する育児休業について、連続一〇日間を上限に有給扱いとする。通称、〝育MEN休業〟。

・フォローアップ施策の強化

海外駐在中の社員の日本にいる両親の介護支援策として、介護サポートを専門とするNPO法人「海を越えるケアの手」と法人契約を締結、年会費二万円は会社負担で、両親の見回り訪問・相談などが受けられる。

こうした施策は各社で進められており、また商社によっては三井物産や住友商事のように育児支援の視点から社内保育所を設けているところもあり、従来にはない社員向けのきめ細かなサポート・環境づくりが進められている。

第五章　商社、最前線

北アメリカの〝重さ〟

近年、中国を含むアジア諸国の経済成長が目立ち、商社の海外派遣・出向社員もアジア・中国へのシフトが顕著になってきている。

ひところは、東京本社社長への登竜門の一つとされたのが、アメリカ現地法人駐在のトップ経験だったが、近年では必ずしもそうではなくなった。だが、アメリカの〝重さ〟は変わらない。それは、戦前戦後築いてきた長年にわたる人脈と商権に加えて、とくに中国のおよそ二倍以上のGDP大国であるアメリカは基本的に機会均等の国であり、ビジネスを展開しやすいからだ（むろん、時に〝国益〟を前面に押し出してきて、経済摩擦を引き起こすこともあるのだが）。

日本とアメリカの〝トモダチ〟関係は、とくに商社においては長く強い関係を維持してきた。たとえば旧三井物産は一八七六（明治九）年七月に、当時二九歳だった益田孝を社長（総括）として設立されたが、その顧問に就任したのがアメリカ人のロバート・アーウィンであり、現在の三井物産の母体となった第一物産が一九五一年二月に戦後初の海外支点を置いたのが、ニューヨークだった。

また戦後、情報通信、宇宙航空、生化学など新しいハイテク分野が続々と生まれ、世界をリードしてきたのもアメリカ、である。しかも、わが国は食糧大国としてのアメリカにトウモロコシ、大豆、小麦で大きく依存していることも忘れてはならない。こうしたことから各商社の現地法人も全米各地に拠点を置いている。

三菱商事から双日までの六大商社は、ニューヨークに本拠を構え、ヒューストン、ロサンゼルス、シカゴ、シリコンバレー、ワシントンなどの数ヵ所に拠点を置いている。ちなみに、全米各地の駐在員及び事業会社への出向者の総数（六大商社）は約五〇〇人、ナショナルスタッフはおよそ一二〇〇人ほどである。また豊田通商も、ケンタッキー州のジョージタウンにヘッドクォーターを置き、ニューヨークをはじめ二六ヵ所に拠点を持っている。

その商社のワシントン事務所は、アメリカの政治動向や世界の情報が集積するところであるから、駐在員はビジネスには関与せず、政財界関係者、有力シンクタンク関係者やオピニオンリーダーなどと接触し、情報収集と分析にあたっている。いわゆる〝Kストリート〟の住人として役割を果たすのである。その情報は適宜、東京本社の経営幹部に伝えられている。二〇一二年はアメリカの大統領選挙の年であり、キャンペーンなどその動向が時々刻々伝えられることになる。

近年、各現地法人の拠点について特徴的なこととして、由緒あるサンフランシスコ支店の縮小ないし閉鎖が相次いだことが挙げられる。総合商社のなかで、二〇一〇年まで支店を置いてきた三井物産は、一八九八年一二月に開設し、一時はバンクーバー、ポートランド、シアトル、ロサンゼルス、ハバナ、メキシコに至るまで人員を派遣し、北米西部の一大ビジネスセンターとなっていた。

それに代わって各社でこのところ拡充、人員増が目立つのが、シリコンバレーである。サンフランシスコから南へ、国際空港のあるサンノゼに向けて一〇一号線ないしは二八〇号線を車で一時間ほど下ると、ハイテクゾーンのシリコンバレーに着く。アップルなどのハイテク企業が多く集積し、名門スタンフォード大学もある。各商社が、このシリコンバレーにオフィスや子会社を設立し人材も派遣している。

このように、商社の拠点の配備状況から米国の経済産業構造の推移が見て取れる。

リーマンショック以降のビジネス展開（三井物産、丸紅のアメリカを見直す動き）

ところで商社は、リーマンショック後のアメリカでのビジネスを、どのように展開しているのだろうか。

ＮＡＦＴＡ（北米自由貿易協定）の関係もあり、アメリカ、カナダ、メキシコを包摂した形でのビジネスが多くなってきている。さらに三井物産の場合には、ブラジルなど南米諸国を含めた「米州本部」（本部長は常務執行役員）という組織上の位置づけとなっている。その総従業員数は東京本社からの現地法人出向駐在員が約一八〇人、ナショナルスタッフ約五六〇人、さらに東京本社からの関係会社への出向約一四〇人、関係会社のナショナルスタッフ約八七七〇人という陣容である。このうち現地法人の米国三井物産のみで、駐在員約一二六人、ナショナルスタッフ約三〇〇人という陣容で、南・北アメリカの三井物産関係者の総数はおよそ九六五〇人（連結）となっている。

そのアメリカは景気回復基調にあり、ブラジルをはじめとする南米諸国は鉄鉱石、原油、銅、大豆など一次産品の価格上昇にも恵まれ、経済成長が続いている。

米州本部及び米国三井物産の組織体制は、鉄鋼製品、資源エネルギー、インフラ、自動車、化学品、生活産業各分野の一二の営業組織と九つの現地法人があり、業務、財経、人事、総務などのコーポレート管理部門がある。

そのアメリカで鉄鋼製品関係では、世界でも有数の電炉製鉄会社のニューコア社（本社、ノースカロライナ州シャーロット、年産約一億五〇〇〇万トン）との合弁でニューミット社を設立し、これを従来の関連会社スティール・テクノロジーズ社の関係会社とした。これにより、さらにメキシコでの工場新設などが計画されている。

また、電力事業を世界各地で展開しているが、テキサス州でブラゾス風力発電（一六〇MW）をシェルグループの子会社と合弁で行なっている。再生可能エネルギー支援策を政府が進めているだけに、風力発電は今後に期待がかかる。さらに、伝統的に化学品分野に強く、二〇一〇年にテキサス州でダウ・ケミカル社と合弁で、電解による苛性ソーダと塩素を製造販売する会社を設立している。年産で苛性ソーダ約八八万トン、塩素約八〇万トンを二〇一三年から予定している。

そして二〇一〇年から、三井石油開発と共同で新会社MEPUSAを設立し、アナダルコ社などがペンシルベニア州で進めているシェールガス生産プロジェクトに参画している。

米国での非在来型ガスのなかでもシェールガスの伸びは顕著で、二〇二〇年には米国ガス生産量の約五二パーセントを占めると予測、〝革命〟視されているものだ。

三井物産の、新会社の同プロジェクトでの権益（鉱業権）は全体の三二・五パーセントであり、今後、約一〇年間で約三五〇〇億円を投資し掘削井戸を掘り、事業を拡大する予定である。一方、食糧では子会社のユナイテッド・グレイン社（ワシントン州）の施設を拡充し、二〇一二年には小麦・大豆・トウモロコシで五五〇〇万トンの容量を持つことになる。

また重点国として位置づけているメキシコでは、東京ガスと合弁のファルコン・ホールディングス（三井物産出資比率七〇パーセント）を通じて、スペイン企業が所有するメキシコの火力発電事業会社五社とパイプライン会社を約一二億ドル（約一一〇〇億円）で買収した。これによる総発電容量は二二三三MWにもなる。この事業を一元管理するために、電力資産会社のミツイ・パワー・デベロップメント・アンド・マネジメント社を設立、米州全体のIPP事業を進める方向にある。

また近年では、環境・水事業での取り組みが目立っている。メキシコ北部の工業都市モンテレーにあるアトラテック社が下水処理施設の建設運営にあたり、米州本部がPEME

X（メキシコ石油）の排水処理をBOT方式で取り組んでいる。

三井物産のメキシコでの活動はおよそ一〇〇年前にさかのぼり、社会インフラ分野のみならずコマツの建設機械や日野自動車の商用車販売、さらにはオレンジ濃縮果汁など事業が幅広く展開され、同国での総事業費は約四〇〇〇億円に達する。

アメリカを見直す動きは、丸紅でも行なわれている。

現地法人・丸紅アメリカ（MAC）には、トレイニーを含めて駐在員約七〇人、ナショナルスタッフ約一六五人がネブラスカ州のオマハ支店を含めて、全米八ヵ所の拠点に所属している。地域重視の戦略をとり、西部（ロサンゼルス）、中部（シカゴ）、南部（ヒューストン）の三地域にリージョナル・マネージャーを置き、それぞれの地域特性を勘案しながら、新しいビジネスを指向している。そして、この動きにも連動してさまざまな事業を行なっている。

たとえば、米国西海岸ポートランドには、小麦、トウモロコシ、大豆など約一二〇万トンの保管能力を持つコロンビアグレーン社を所有している。アジア向けを中心に年間約四〇〇万トンを輸出し、丸紅が〝和製穀物メジャー〟とされる一因ともなっている。

また、約八万軒の農家に各種農業資材を販売するヘレナケミカル社（売上高約三〇億ドル）を所有し、全米に三八〇の販売拠点を置き、シェア一〇パーセントを占めている。

近年では電力関連事業分野に注力し、カナダのインベナジー・サーマル・ファイナンシング社の事業権益取得や発電所補修などを行なうPIC社の買収、風力発電を担うオーク・グリーク・ホールディングス社への資本参加など、さまざまな事業を行なっている。一方で、以前から関係の深いアメリカの石油・ガス大手のマラソンオイル社から、コロラド州とワイオミング州にまたがるナイオブラ・シェールオイル権益の三割を約二五〇億円で取得するなどの動きも出ている。

近年、アジアの台頭がいわれているが、懐の深い北アメリカの持つマーケット及びビジネスチャンスも依然として大きいといわなければならない。

魅惑の中南米（三井物産の注力）

ところで、二〇一四年のサッカー・ワールドカップ開催、二〇一六年の夏季オリンピック開催などビッグイベントが続くブラジルをはじめとして、中南米諸国はその経済成長とも相まって商社各社が注目する地域及び国々となっている。

三菱商事が二〇一一年四月から中南米統括専任制を置き、同じく丸紅も南米支配人を新設していることにも、この地域の重視策がよく表れている。

とくに二〇〇八年は、日本人ブラジル移住一〇〇周年・日伯交流年にあたったこともあり、ブラジルには各商社が注力してきた。なかでも三井物産の注力ぶりが目立っている。同社は現地法人（ブラジル三井物産）の本店をサンパウロ、支店はリオデジャネイロに置き、ベロ・オリゾンテ、マナウスに出張所を置いており、その陣容は駐在員と出向者を含め六〇人、それにナショナルスタッフが約七〇人の総計約一三〇人という陣容で、商社のなかでは最も多い。また、そのビジネスも多岐にわたっている。

たとえば三井物産は、世界最大の鉄鉱石生産を誇るヴァーレ社へ、同社を支配する持株会社のヴァレパール社（三井物産が一五パーセントの株式を所有）経由で約一〇〇〇億円を投下し、五パーセントの資本参加を行なっている。ヴァーレ社は年生産量で三億二三〇〇万トンをあげ、世界全体の鉄鉱石海上貿易量の三〇パーセント以上を占めているとされ、銅、アルミ、ニッケル、石炭の産出や輸送、発電、海運なども行なっている。

そして、ヴァレパール社の時価総額は、三井物産が最初に資本参加した当時と比べて、実におよそ一一倍以上となっているのである。この間の世界的な鉱物資源の需要の高まり、それにともなう資産価値の上昇が、三井物産に〝鉄鉱石メジャー〟としての多大な取り込み利益をもたらしているのだ。

ブラジルは食糧大国でもあり、三井物産は二〇一〇年に大豆やトウモロコシを年二〇万トン生産する大手のマルチグレイン社（農場総面積一一万六〇〇〇ヘクタールを所有。形式上本社はスイス）へ追加の資本投下を行ない、保有比率を約九〇パーセントとした。そして、新オイルメジャーの一社とされるペトロブラス社とは、超深海鉱区掘削船（ドリルシップ）サービスをはじめ、多面的なビジネスを展開している。また建設大手のカマルゴコヘア社やコングロマリットのボトランティン社など、現地有力財閥系企業との多様なビジネスも行なっている。

こうしたことから、ブラジルでの投融資保証残高は約五〇〇〇億円となっており、三井物産の国別残高ではずば抜けて多く、〝ブラジルに強い物産〟を確立している。

ただ、サンパウロ―リオデジャネイロ―カンピーナス間の五一〇キロメートルを二時間弱で結ぶ高速鉄道（新幹線、総事業費約一兆六〇〇〇億円）プロジェクトは、三井物産主導の日本連合で二〇〇七年から働きかけ、一時は受注が有望視されていたが、採算面などでの課題があり、日本連合は応札も微妙な情勢となっている。

チャイナ・ビジネス(伊藤忠商事の多角的事業)

二〇一〇年六月、伊藤忠商事の丹羽宇一郎相談役が、中国大使に起用されることが政府の閣議で決定した。わが国にとって最重要国の一つの大使に、民間企業、とりわけ商社出身者が就任することはきわめて異例で、国内外から注目され話題をさらった。

丹羽氏起用は、同氏が以前、政府の経済財政諮問会議の民間議員をはじめ公的機関の要職に選ばれるなどの実績があり、商社マンとしても中国要人に知己が多いなどの背景があったからであった。

BRICs諸国、とりわけ中国の経済成長についてはいまさらの感があるが、二〇一〇年度、中国のGDPは日本を抜き米国に次ぐ世界第二位にのし上がってきた。

近年、日本ばかりでなく欧米各国の企業も、生産基地あるいは大消費市場として沸騰する中国へ進出を図っている。とくに、わが国の総合商社は中国を最重要国として位置づけ、ヒトとカネの両面からも〝チャイナシフト〟を敷いてきた。

なかでも伊藤忠商事は、伝統的に古くから中国重視策をとってきた。

一九七二年の日中国交回復の半年前には、当時の越後正一社長、瀬島龍三専務、さらに中国の専門家と自他ともに認めていた藤野文晤元中国総代表などのアプローチによって、対中貿易再開の批准取得に成功していた。以降、一九七九年に北京駐在員事務所開設、二〇〇五年には多国籍企業「地域本部」認定取得など、いずれも総合商社で最初のケースとなる実績を重ねてきた。丹羽氏も社長時代には、さらに山東省などの中国の各省と包括提携を行なうと同時に、中央の要人とも面識を深めていた。

こうした中国との長年の貿易及び投融資活動は、年々活発化しているのである。

伊藤忠商事の中国での体制は、中国総代表（伊藤忠・中国集団有限公司董事長）のいる地域本部の北京を華北の母店とし、華東地区は上海支店が、華南地区は香港支店が母店となり、それぞれの地域を担当。拠点は一九ヵ所に及んでいる。

近年の傾向として、東北三省や成都、重慶、武漢など内陸部への拠点展開も見られる。

東京・大阪本社からの派遣駐在員プラス研修生が九〇人以上、現地ナショナルスタッフ約六二〇名、それに二二〇社以上の関連会社の社員を含めると、中国での伊藤忠商事にかかわる人数は、三、四万人に達することになる。

また、香港を含めた中国ブロックの総資産は、約一四〇〇億円と増加している。さらに投資・融資・保証の合計額（二〇一一年三月末、ネット）は一四六八億円で、営業債権は一〇八〇億円（同）と、いずれも総合商社のなかでは最も多額な〝商権〟を築いている。

具体的な事例を挙げると、二〇〇二年には中国及び台湾の食品・流通分野での有力企業の頂新（本社、ケイマン）と提携。それ以降ファミリーマートとのコンビニ展開、アサヒビールやカゴメとの飲料事業、敷島製パンとの製パン事業などの合弁事業を推進してきた。

こうした実績に立って二〇〇八年一一月には、伊藤忠商事は頂新ホールディングスの株式取得及び第三者割当増資を引き受け、名実ともに包括戦略提携を実現している。ちなみに同グループの最大の事業会社「康師傅」は、インスタントラーメン、飲料水などで中国国内シェアは首位である。また香港市場にも株式上場している。

頂新と伊藤忠商事との提携で注目されるのは、中国でのSIS（ストラテジック・インテグレーテッド・システム）戦略を築きつつあることである。

また原料・素材分野では、黒龍江省農墾総局と、世界的な食糧メジャーへと台頭しつつある中糧集団有限公司（COFCO）と提携している。また伊藤忠商事は中国ばかりでなく、アメリカやオーストラリアで展開している食糧会社からの調達も行なっている。加工・製造分野では、龍大食品集団傘下の山東龍大肉食品有限公司への資本参加で体制を整えつつある。流通分野では、中金、北京伊藤忠華糖総合加工有限公司が担っている。

一方、伊藤忠商事は二〇〇九年に繊維を中心に多角的な事業を行なっている杉杉集団（本社、寧波市）へ二八パーセント出資し、協業関係を築いている。欧州のブランド事業や中国国内における子供服の店舗販売など、さらにリチウムイオン電池開発やショッピングセンター運営などを共同で取り組むことにしている。

中国での繊維ビジネスは、この杉杉集団のほかにも伊藤忠繊維貿易（中国）、伊藤忠テキスタイル・プロミネントなど、直接・間接投資を含めて事業会社二八社、一般投資会社四〇社以上となっており、繊維カンパニーに所属する総合職の一割以上が、中国に駐在していることになる。

伊藤忠商事の中国ビジネスは、衣・食を中心とする生活消費関連が主であるが、さらに二〇一〇年には韓国のロッテグループと共同で、中国の大手通販会社のラッキーパイ社（本社、上海市）への出資を決め、成長が期待されるテレビ通販事業への進出を図るなど、

伊藤忠商事の中国食料戦略

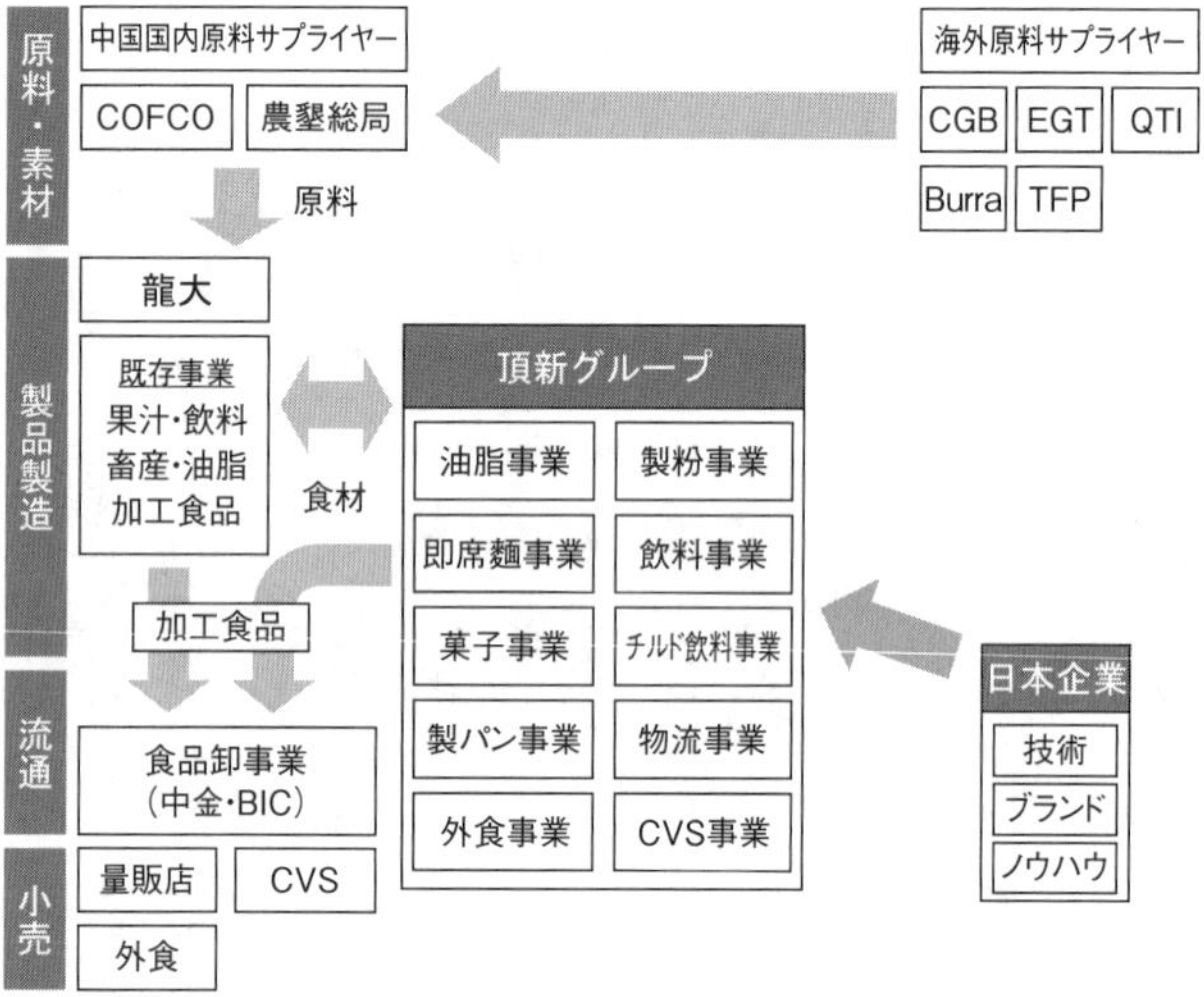

新しい動きも出ている。さらに中国の政府系金融・投資グループの中国中信集団（CITIC）と提携し個人向けの金融サービスをはじめ、さまざまな事業展開を計画している。

こうしたビジネスに加えて、中期的には環境・省エネルギー、資源・社会インフラ分野への取り組みの強化も企図し、二〇一五年には香港を含む中国ブロック全体で純利益五〇〇億円を目標にしている。

総合商社がこぞって中国ビジネスに注力するなかで、二〇一〇年九月七日に沖縄県石垣市の尖閣諸島沖で、中国の漁船がわが国の巡視船と衝突するという事件が発生した。

これを機に日中間の政治的な冷却が続き、経済関係では、ハイテク部品に必要なレアアース（希土類）の輸出量制限を受け、双日や住友商事、豊田通商などはレアアースの調達をオーストラリアなどへとシフトし、中国への依存度を低減しようとする動きも出ている。

日中間の政治的不信あるいは国民感情は、今後とも微妙に残ることになるだろうが、ビジネスに国境はない。商社による中国との未来志向のビジネスの深化と交流を通じて〝良き隣人〟関係の構築に貢献することが期待されている。

アジア重視政策（三井物産、三菱商事、住友商事、豊田通商）

さらに近年は、商社のアジア政策において中国だけでなく、最後のフロンティアとされるミャンマーを含め、ASEAN（東南アジア諸国連合）を中心とする東南アジア地域を別のくくりにして重視し、派遣・出向社員の増加をはかる傾向が出ている。

そして、その拠点・センターをシンガポールやインドネシアのジャカルタに置き、この地域の責任者を担当役員とし、常駐させている。

たとえば、三井物産はアジア・大洋州（AP）本部のヘッドクォーターをシンガポールに、三菱商事はアセアン一〇ヵ国を対象とするアジア・大洋州統括をジャカルタに置いている。

また住友商事は、東南・西南アジアの地域統括・持ち株会社のアジア住友商事をシンガポールに置き、アジア総支配人がCEOを兼ね、各国現地法人・支店を配置する体制をとっている。丸紅はシンガポールにアセアン支配人を常駐で置き、丸紅アセアン会社社長を、インドネシア、タイ、フィリピンの現地法人社長がアセアン会社の副社長を兼務するなど一体化戦略を推進している。豊田通商はナショナルスタッフを数多く抱え、タイを中心に現地の社員が直接自動車関連事業に携わっている。

BRICsの次は、VISTA（ベトナム、インドネシア、南アフリカ共和国、トルコ、アルゼンチン）やネクスト・イレブンなどと呼ばれる諸国が有力な投資先と期待されている。そのなかでもインドネシアは資源が豊富なこともあり、各商社が注目している。

たとえば三井物産は、中期経営計画のなかでBRICs、メキシコとともにインドネシアを重点国に挙げている。同国では化学品、二輪自動車への販売金融、火力発電事業など積極的な取り組みを行なっている。三井物産が約三七パーセント出資している石炭火力発

ASEAN各国「駐在員・事業会社出向者・NS数」国別一覧

社名	三井物産		三菱商事		住友商事		伊藤忠商事		丸紅		双日		豊田通商	
	駐+出	NS	駐+出	NS	駐+出	NS	駐+出	NS	駐+出	NS	駐+出	NS	駐+出	NS
国名	(駐在員)	(出向者)	(駐在員)	(出向者)	(駐在員)	(出向者)	(駐在員)	(出向者)	(駐在員)	(出向者)	(駐在員)	(出向者)	(駐在員)	(出向者)
シンガポール	105	*176*	36	*108*	67	*133*	44	*93*	33	*66*	22	*55*	26	*167*
	(91)	(14)	(19)	(17)	(39)	(28)	(21)	(23)	(21)	(12)	(16)	(6)	(23)	(3)
タイ	60	*252*	89	*183*	62	*149*	37	*133*	28	*118*	30	*102*	65	*3421*
	(38)	(22)	(29)	(60)	(15)	(47)	(26)	(11)	(19)	(9)	(20)	(10)	(55)	(10)
インドネシア	36	*110*	68	*127*	63	*94*	35	*135*	33	*73*	21	*80*	35	*160*
	(23)	(13)	(24)	(44)	(16)	(47)	(19)	(16)	(13)	(20)	(12)	(9)	(16)	(19)
マレーシア	19	*89*	22	*45*	15	*33*	6	*36*	6	*20*	7	*29*	13	*112*
	(16)	(3)	(9)	(13)	(6)	(9)	(4)	(2)	(5)	(1)	(5)	(2)	(6)	(7)
フィリピン	10	*42*	15	*35*	12	*20*	3	*41*	12	*22*	9	*20*	6	*75*
	(7)	(3)	(10)	(5)	(5)	(7)	(2)	(1)	(5)	(7)	(3)	(6)	(5)	(1)
ベトナム	17	*61*	14	*60*	28	*83*	21	*51*	17	*37*	30	*70*	17	*61*
	(14)	(3)	(9)	(5)	(12)	(16)	(16)	(5)	(11)	(6)	(15)	(15)	(13)	(4)
ブルネイ	0	－	3	*8*	0	－	1	－	0	－	0	－	0	－
	－	－	(2)	(1)	－	－	(1)	－	－	－	－	－	－	－
ラオス	1	*3*	0	*0*	1	*4*	0	－	0	*3*	0	－	0	*1*
	(1)	－	(0)	－	(1)	－	(0)	－	(0)	－	－	－	(0)	－
ミャンマー	1	*9*	1	*26*	1	*11*	3	*14*	2	*23*	1	*11*	1	*26*
	(1)	－	(1)	－	(1)	－	(1)	(2)	(2)	－	(1)	－	(1)	－
カンボジア	2	*3*	1	*7*	1	*3*	0	*4*	1	*5*	0	－	1	*2*
	(1)	(1)	(1)	－	(0)	(1)	－	－	(1)	－	－	－	(1)	－
会計	250	*745*	249	*599*	249	*530*	150	*507*	132	*367*	120	*367*	164	*4025*
	(191)	(59)	(104)	(145)	(94)	(155)	(90)	(60)	(77)	(55)	(72)	(48)	(120)	(44)

注）上段左が「駐＋出」、カッコ内は左が拠点駐在員数、右が事業会社出向者数。上段右がナショナルスタッフ（NS）数。

注）三菱商事は2010年8月末、三井物産は12月1日（見込み）、住友商事と伊藤忠商事は10月、丸紅は4月時点、双日と豊田通商は4月1日現在の数字。

注）豊田通商の事業会社出向者数は、各国現地法人への出向者（駐在員）を含む全出向者数から駐在員数を引いた人数をカウントした。

（商社レポート」No.505より）

三菱商事のドンギ・スノロLNGプロジェクト

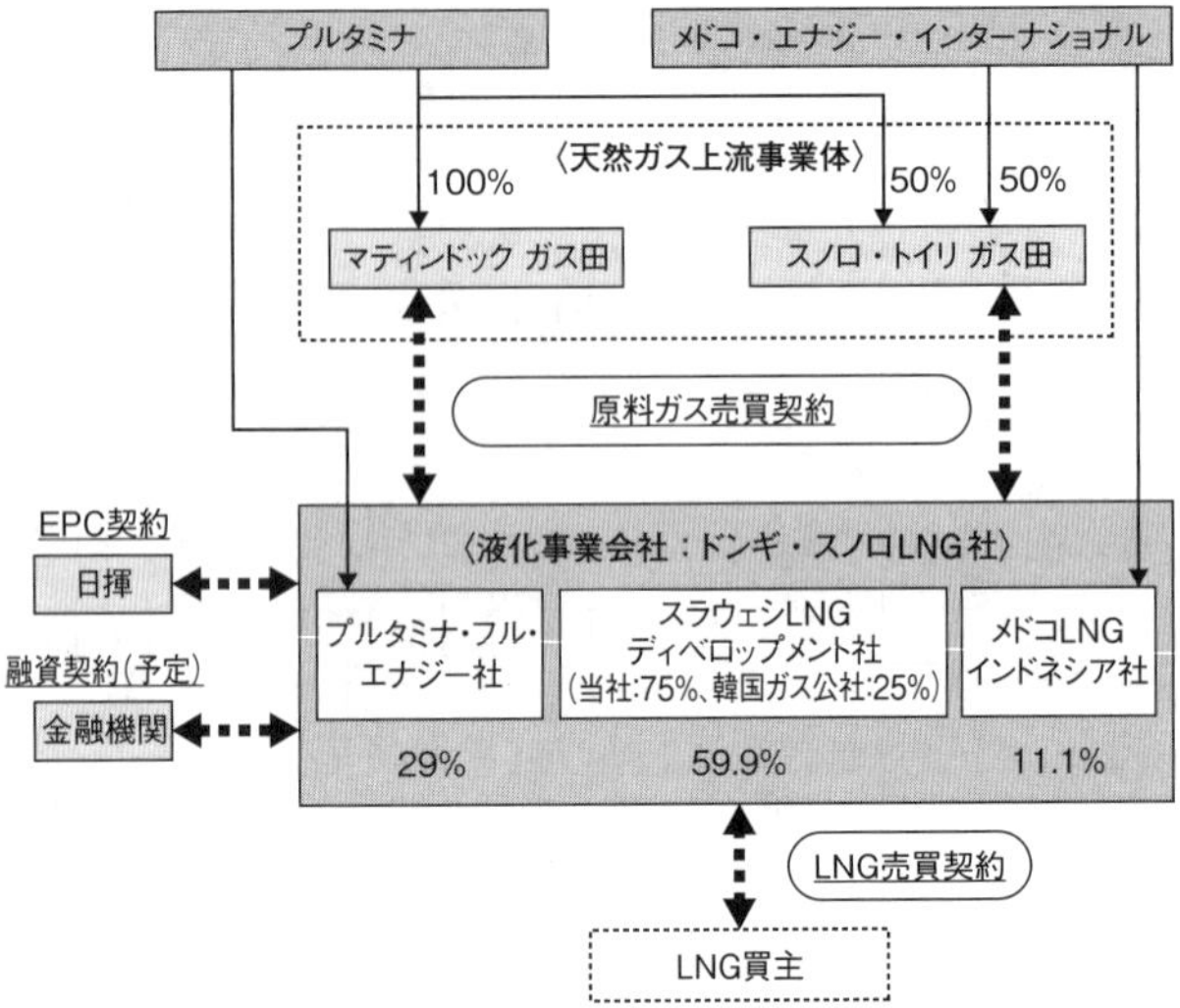

電のパイトン・エネルギー社の最大出力は一二三〇MWだが、加えて八一五MWの出力を持つ発電所の建設計画も進行中である。

住友商事でも、同じくインドネシアで石炭火力による最大出力一三二〇MWを誇るタンジュン・ジャティB（TJB）発電所を建設・保有し、国営電力会社にリースしている。さらに、同じ出力を持つ発電所も完成済みである。

三菱商事はブルネイで、一九六九年以来、LNG事業に取り組んできた（一九七二年に初入荷）。東日本大震災で世界的に原子力発電の見直し気運が高まるなかで、ＬＮＧの再評価がなされている。三菱商事は二〇一一年の初頭に、インドネシア国有石油会社のプルタミナ社及び民間最大手エネルギー会社のメドコ社とともに進める、スラウェシ州バンガイ県における「ドンギ・スノロＬＮＧプロジェクト」の最終決定を行なった。総投資額約二三〇〇億円を予定し、三菱商事が四四・九パーセント出資するドンギ・スノロＬＮＧ（ＤＳＬＮＧ）を事業主体として、二〇一四年から年間約二〇〇万トンのＬＮＧの産出を、おもに中部電力、九州電力、韓国ガス公社向けに予定している。

このプロジェクトは、いわゆる欧米系オイルメジャーが参画しない日本、韓国、インドネシアという初のオール・アジアということで、三菱商事が計画当初からプロジェクトを主導してきたが、完工後もプラント操業の主役としての役割を担うことになる。

ビジネスモデルのバリューチェーン（三菱商事の事業展開）

ところで、近年の総合商社のビジネスモデルの特徴は、「バリューチェーン」ということがしばしば指摘される。

かつての総合商社は、トレーディング（取引仲介）をベースに取引先への信用供与（商

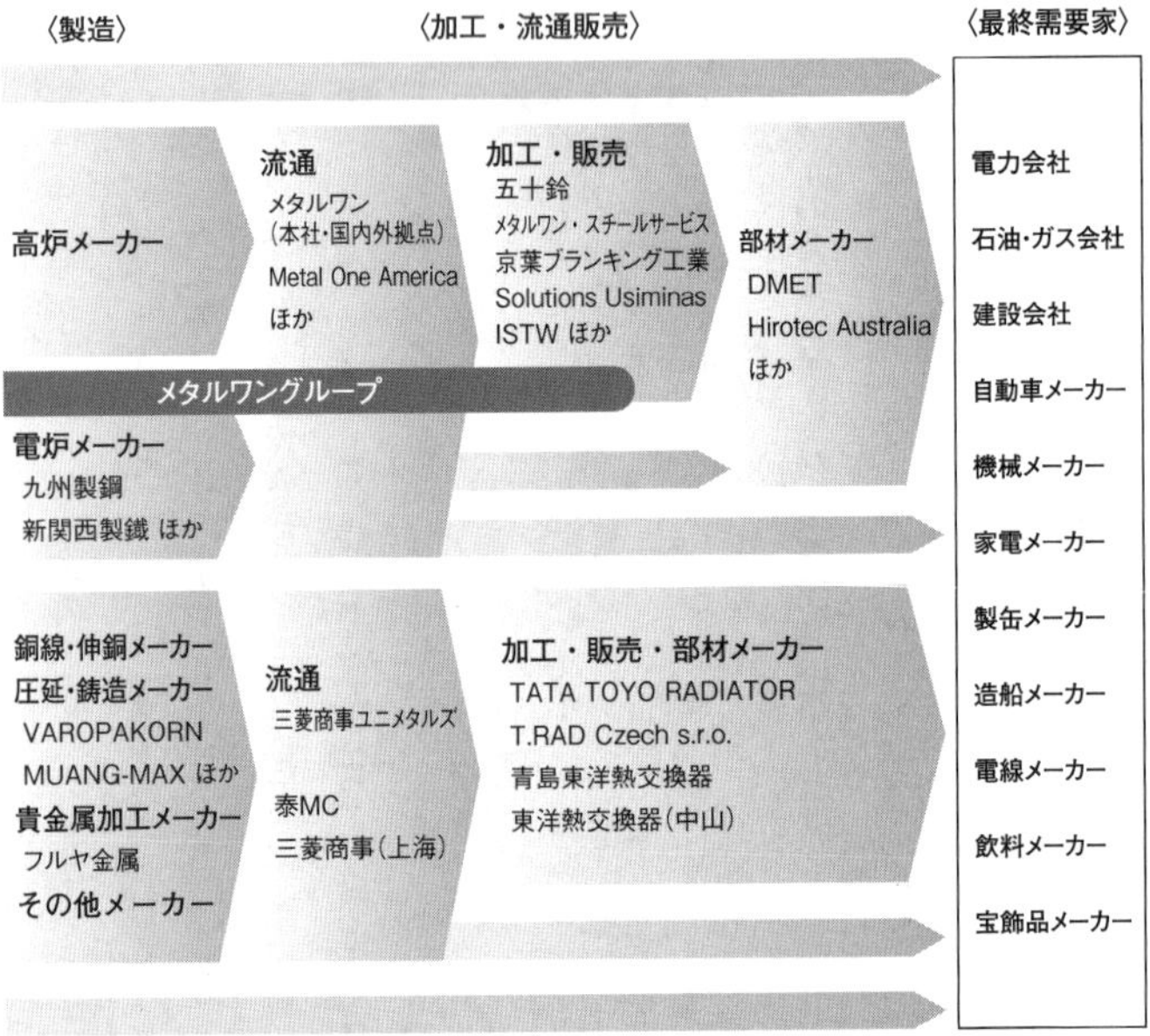

社金融）などを通じて商権を構築してきたが、この方法では多様化する顧客や取引先のニーズやグローバル化、情報化といった現代の産業社会にそぐわなくなってきた。

そこで、商社の持つ複合的な機能を組み合わせた〝バリューチェーン〟という考え方が近年の主流となってきたのである。

このビジネスモデルは川上（資源、原・素材料）から川中（加工、物流）、川下（流通、最終製品）に至るまで効率性

三菱商事の金属グループ・バリューチェーン

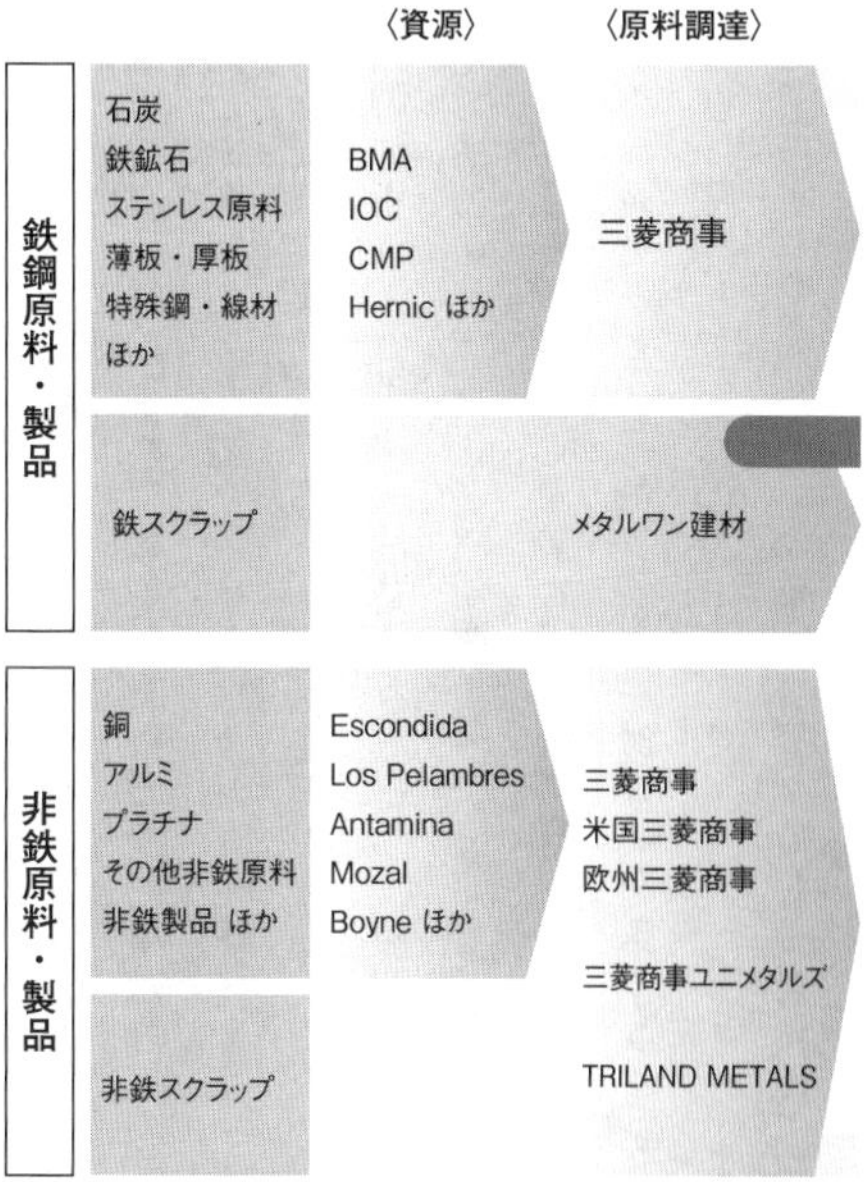

を追求するもので、商社は各段階でトレーディング、金融サービス、投資などの機能を果たし、トータルとして利益を獲得しようというものだ。既述の伊藤忠商事の頂新グループとの提携による中国での食料ビジネスも、バリューチェーンの一種ともいえる。

三菱商事は、製鉄の際に必要なコークスの原料となる原料炭を確保し、成長しつつあった日本の鉄鋼会社向けに供給するために、一九六八年にミツビシ・デベロップメント・ピーティーワイ（ＭＤＰ）を設立している。またオーストラリアのクイーンズランド州ボーエン炭田の新規開発にも着手していた。これをベースに、二〇〇一年にはコード名〝イーグル〟と名づけ、さらに一〇〇〇億円を投資してボーエン炭田の権益を買い増しし、当時のBHP、現在のBHPビリトンとの折半による石炭合弁事業体のビリトン・ミツビシ・アライアンス（BMA）を二〇〇二年に設立したのである。

現在、BMAは原料炭のなかでもとくに、強粘結炭を中心に年間約五〇〇〇万トンの生産量を誇り、〃コール・メジャー〃として世界の原料炭海上貿易量の約三割を占めるまでに存在感を高めている。そして、その原料炭は日本をはじめ中国、インドなど世界二〇ヵ国以上に輸出・供給されている。また三菱商事は鉄鉱石の分野でも、カナダでリオ・ティント社と提携してアイアン・オア・カンパニー・オブ・カナダ（IOC）を設立している。

こうした原料炭や鉄鉱石といった資源を確保（川上）し、それがたとえば新日本製鐵などの高炉メーカーに供給・消費され、そして製造された鉄鋼製品・鋼材を鉄鋼専門商社の最大手であるメタルワン（三菱商事が六〇パーセントの株を保有）へ納入する。さらに流通加工センター、鋼材流通業者などを経て部材メーカーへ、そして建設、自動車、電機メーカーへと流れていく。その過程で三菱商事は取引（トレーディング）、金融サービス、事業投資などに関与していくのである。

また、バリューチェーンは海外の国々でも展開され、一例がインドネシアでの自動車事業に示されている。同国は近年の経済成長にともない、自動車市場が急成長を遂げている。三菱商事は一九七〇年に、おもに商用車の三菱ふそうトラック・バスの輸入販売総代理店として、KTBを同国に設立した。そして、現地で車両・エンジンの組み立て、販売金融、中古車販売、レンタカーなどへ事業を拡大してきた。

その結果、全国約一五〇のディーラーとメンテナンスに必要な約三五〇〇の部品商とのネットワークを構築し、商用車のシェアおよそ四〇パーセントを占めるまでになった。この実績をベースに乗用車の三菱自動車工業などのSUV（スポーツ・ユーティリティー・ビークル）車の取り扱いでも、このビジネスモデルを援用しようとしている。

このように、商社の国内と海外でのビジネスは、バリューチェーンという考え方が主流になりつつある。

穀物ビジネスと三国間貿易（丸紅の展開）

三国間あるいは外国間貿易とは、「商社の国内本・支店、海外支店及び現地法人が契約・決済の当事者、あるいは仲介者・代理人となって、日本以外の第三国産貨物を、ほかの第三国向けやあるいはその同一国内向けに売買する取引をいう。その際、貨物は第三国相互間で直接移動することを原則とするが、時により日本の保税地域を通過する場合を含む」（日本貿易会）ということである。

つまり、アメリカ産の小麦を欧州に輸出したり、あるいはアメリカ国内での物資の州間移出入に関与した取引のケースなども含まれ、このほかにも種々の商取引形態がある。

この三国間貿易は、「商社のグローバル展開力をはかるバロメーター」として重要視されてきた。それは、海外拠点網の充実、出向・駐在社員及びナショナルスタッフの知見と実務能力、現地での人脈、これまでの実績、信用、伝統などの要素を含む総合的な力量が求められるからである。

三国間貿易に適した商品は、食料や穀物をはじめ、石油を含む鉱物資源、化学品などのバルキーな、すなわちかさばる物財が挙げられる。しかし近年は、ハイテク製品の一部にも対象となり、商社の活動分野がより世界的な広がりをみせ、いわゆる多国籍企業性を発揮している。

ところで、日本の総人口は減少する一方だが、二〇一一年一〇月に世界の人口は七〇億人を突破し、今後も増加すると国連は予測している。この世界人口の爆発的な増加は、今後、食料や穀物の需要がますます増大することを意味している。

しかし、穀物などの農産物は、風土的な条件や気象状況などにより地域偏在性が高く、どこでもいつでも調達、供給できるものではなく、人口急増にともなう食糧問題は世界的な課題に浮上しつつある。

それに対応するアグリビジネスの世界には、大きな事業会社が存在する。ＡＤＭ（アーチャー・ダニエルズ・ミッドランド）、ブンゲ（バング）、カーギル、ドレイファスなどであり、頭文字からＡＢＣＤ穀物メジャーと呼ばれ、世界の穀物貿易の七割近くを占めているという説もある。ただし、穀物メジャーの多くは非公開会社であるため、細部がよく分からないのが実情だ。しかし、大きな存在であることには間違いない。そのメジャーに迫ろうとし、そのために三国間貿易に注力しているのが、丸紅である。

丸紅は、二〇一一年度に穀物取引量二二〇〇万トンを目標にしており、これは世界の穀物貿易の約七パーセントに相当することになる。

また三国間貿易をスムーズに展開するためには、それぞれ海外での物流拠点をはじめ、基盤となるパートナーの存在が不可欠となる。丸紅のおもな提携先ないし出資先は次の通りである。

中国・アジア地域

COFCO(中国、政府系輸出入独占企業)、山東六和集団(中国、飼料・畜産生産販売)。

北・南米地域

コロンビアグレーン(アメリカ、集荷設備・輸出基地)、ADM(アメリカ、輸出基地)、アマーギ(ブラジル、集荷設備・輸出基地)、モリノ(アルゼンチン、集荷設備・輸出基地)、テルログ(ブラジル、港湾ターミナル運営)。

欧州・ロシア地域

セナリアユニオン社(フランス、集荷設備・輸出基地)、アムールゼルノ(ロシア、集荷設備・輸出基地)、フェテクシム(ロシア、集荷設備・輸出基地)。

これらの企業と東京本社は、まさに地球規模で穀物及び食料の三国間貿易に関与している。さらに注目されるのが、穀物取引量の増加にともなって、この六年間ほどでその内容が激変していることである。

すなわち、日本への輸入はおよそ五〇〇万トンで、横ばいか減少ぎみなのに対して、一五〇〇万トン以上は三国間貿易で占められている。丸紅が三国間貿易で、穀物の世界でバリュー・トレーダーの地歩を築こうとしている。

第六章　3・11と9・11、商社とリスク

国内と海外に多くの事業所を置き多種多様なビジネスを展開している総合商社は、それだけ常に大小・有形無形のリスクにさらされている。市場・投資・信用リスクをはじめカントリーリスク、さらには、大規模自然災害や戦争・テロといった想定外のリスクにも備えと対応をしなければならない。それでもリスクは発生するし、商社は対応に翻弄されることになる。

3・11、東日本大震災（三菱商事の迅速な対応）

二〇一一年三月一一日一四時四六分に発生した東日本大震災は、未曾有の被害をわが国にもたらし、現在も人的・物的両面での影響は広範囲に及んでいる。しかし、地元の人々の努力及び諸外国の支援もあり、現在では、予想を上回るスピードで復興作業が進められている。

その影響は商社も同じで、東北支社（支店）を中心にさまざまな形で出ている。直接的な人的被害こそなかったものの、社員の家族・縁者、取引先、関係会社などには人的・物質的な被害をこうむった例も少なくなかった。そして、地震発生後、被災地では深刻なガソリン不足が発生し、そのために諸物資を運ぶ物流が滞り復旧作業や市民生活に重大な影響を与えかねない情勢に陥ったものである。

三菱商事の関係会社、小名浜石油（福島県いわき市）も施設に被害を受け、事務所が一時閉鎖に追い込まれた。しかし、荷主である三菱商事石油は政府及び県の要請を受け、いわき市周辺を中心に出荷を行ない、小名浜石油約一五人の社員がボランティアとしてガソリン、灯油、軽油の緊急出荷に取り組んだ。

また、宮城県など自治体からの支援要請が寄せられ、改めて商社に対する期待度が大きいことが明らかとなった。たとえば、ガソリン不足から車両が使えないため、三菱商事東北支社は、所有していた三菱自動車工業製の電気自動車「i－MiEV」を宮城、岩手、福島の三県及び各自治体に対して無償貸与した。

一方で、周知のように原発事故は電力供給に重大な影響を与えている。三菱商事は政府及び東京電力の要請もあって、地震発生の当日夜には営業部門のエネルギー事業グループを中心に「LNG緊急調達本部」を設けて、二四時間体制で国内外のLNGビジネスに携わっている企業・機関関係者にコンタクトを取り、電力会社をサポートした。

国及び電力各社のLNG確保の要請は続くことになりそうで、三菱商事や三井物産などの商社はその調達と供給に大きな役割を担うことになる。今後、さらにインドネシアやブルネイ、ロシア・サハリンなどからのＬＮＧ開発輸入に拍車がかかることになりそうである。

想定外の自然災害発生の場合は、社内の対応・対策には迅速性・スピードが重要となってくる。各商社は基本的にかねてより定められていた事業継続計画（ＢＣＰ、ビジネス・コンティニュイティ・プラン）の考え方に沿って、対策本部を社内に設けた。

地震発生時の一〇分後には、三菱商事の東京本社は総務部を中心に、コーポレート関係部の五〇人で構成する「災害対策本部」（本部長、鍋島英幸副社長）を立ち上げ、社員の安全確認、被害状況、通信状況などの把握につとめたという。

東京本社（丸の内）には一〇〇〇人以上の帰宅困難な社員と、一〇〇人以上の取引先などのお客さんがいた。本社ではこうした人々向けに、その日の二〇時には、非常食や毛布の配布を行なった。そして、同本部は営業グループ・部門関係者を加えて被災地に向けた緊急物資の輸送をはじめ、取引先・関係会社の被害状況の把握、節電対策などに取り組んだ。現在でも対応は続いている。

三菱商事東京本社では、首都圏直下型大地震発生を想定した訓練を二〇一〇年一〇月に行なっており、このような措置には、その経験が活きたといえるだろう。日常の意識が重要であることを証明した形ともなった。そして三菱商事は、四月七日に小林健社長が東北支社（仙台市）を訪れ、ただちに次のような一〇〇億円の基金設立を含む復興支援策を決めた。

①　地震発生後ただちに行なった寄付金四億円に加えて、義捐金など二五億円の寄付をする。
②　被災地で就学が困難になった大学生・院生を対象に、四年間にわたり毎年五〇〇人、延べ二〇〇〇人に対して毎月一〇万円の奨学金を寄付する。
③　被災地の住居支援として、三菱商事の独身寮や研修施設の空き部屋の提供及び支援物資の寄贈や重機の提供を行なう。
④　社員のボランティア活動として、一〇人一組・三泊四日をワンクルー（一組）として一年間継続的に、延べ一二〇〇人前後を被災地に派遣する。

三菱商事、東日本大震災復興支援基金の概要

基金を通じて、一元的な被災地支援を実施。

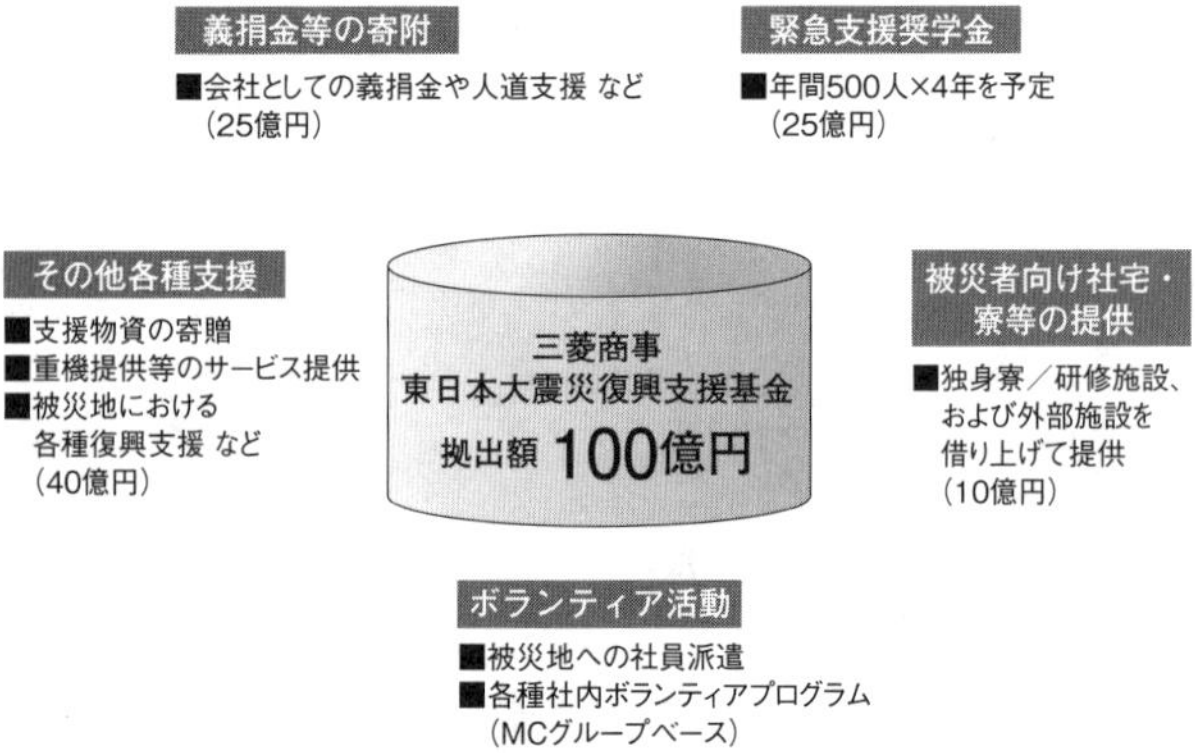

関係会社を含む全社員が交代で被災地におもむいてのボランティア活動は話題となったが、こうした三菱商事の支援策は被災者及び被災地に直接的に届けることを基本としており、現地重視、迅速性が特徴となっている。

また、「三菱商事復興支援財団」を設立し、奨学金やNPO法人、社会福祉法人などへの助成金に加え、産業復興・雇用創出などに資する取り組みも行なっている。

未曾有の東日本大震災の影響は長く続くことになるだろうが、対応する商社のボランティア活動を含めもろもろの支援活動に対する社会からの期待は大きいものがあるといえよう。

身に迫る危険

国内外に事務所を置き、関係会社も多く所有する商社、あるいは商社マン・ウーマンにとっての最大の恐れは、海外での直接的な〝身に迫る〟危険やリスクが少なからず発生しがちであることだろう。

二〇一〇年一〇月二九日の通信社の報道によると、フィリピン大統領府の誘拐対策チームが、一九八六年一一月一五日に起きた当時の三井物産マニラ支店長、若王子信行氏（故人）の誘拐・監禁事件に関与したとして、組織幹部のロランド・ファハルド容疑者を逮捕したという。事件発生当時は一部のセンセーショナルな報道も飛び交い、一般のビジネスマンはむろんのこと日本中に大きな衝撃を与えた事件であった。

そして一九九〇年八月二日のイラクによるクェート侵攻にともない、クェート駐在の商社マンをはじめとする日本人がいわゆる〝人間の盾〟として、数ヵ月間にわたりイラク国内で抑留生活を強いられた。

また一九九六年一二月一七日には、ペルーの首都リマの日本大使公邸を左翼ゲリラ一四人が襲い、多くの日本人を含む大量の人質を取り立てこもった。人質は段階的に解放されたものの、一二七日間もの長期間に及んだ事件は、最終的には銃撃戦という衝撃的な結末で終えた。この時も多くの商社マンが拘束され苦汁をなめた。

こうした事件が発生するたびに、商社の東京本社も広報部が中心となって現地情報収集、外務省等関係当局との折衝、家族との対話、マスコミ対応などに昼夜を問わず追われるものである。

9・11テロ——「89階からの脱出」(伊藤忠商事、社員の壮絶な体験)

こうしたなかで、いまだに強烈な印象の残る事件として、いわゆる「9・11」事件がある。

二〇〇一年九月一一日に、ニューヨークをはじめアメリカの数ヵ所で起きた大規模同時多発テロ事件である。当時、ニューヨーク名物の一つでもあったワールドトレードセンター(WTC)ビルの南棟と北棟に、ハイジャックされた二機の旅客機が突っ込む様は、世界を震撼させた。そのWTC北棟八九階に、伊藤忠商事から子会社の副社長として出向していた商社マンの事務所があった。

以下は社内報（二〇〇一年九月号）に記載された、映画『タワーリング・インフェルノ』を凌ぐ、当日の迫真の現実の記録である。その一部を紹介しよう。題して「89階からの脱出」。

［8時45分頃］

会議室で米国人スタッフと二人で打ち合せ中、西の方角からドーンという大きな音とともに衝撃が走った。天井からタイルが落ち、ビルが大きく2、3度横揺れした。窓から外を見ると火花が飛んでいるのが見える（衝撃と音が同時にきたため、爆弾ではなく小型のヘリかセスナ機の衝突事故だと直感した）。

事件発生当時、事務所にいたのは……、ちょうど事務所のドアを開けて入ろうとしていた社長のWalterの計5人だった。Walterは衝撃と爆風にたたきつけられるようにして事務所に入ってきた。……煙を吸い込まないようにハンカチやシャツに水を含ませ、口元にあてるよう全員に指示がでた。

事件直後は電話も通じており、ラジオ、インターネットも使用可能で、……ネットによるニュースの速報で、飛行機が衝突したことを知った。当初は単なる事故でそれほどの被害ではない、したがって間もなく救出されるはず、と思っていた。

8時45分■アメリカン航空11便、ボストン発ロサンゼルス行きがWTC1（北棟）に激突

［9時05分頃］

ラジオから「セカンドアタックがあった！」と叫ぶ声が聞こえた。「アタック」という言葉に驚き、テロ攻撃だったのか、ただごとではないと感じ始める。煙もだんだん入ってくる。息苦しい。もうだめか、このまま死ぬのか。これが現実か。あきらめかける自分と、そんな簡単に死ねるか、自分があわててどうする、冷静になれと必死に言い聞かせる自分……。

9時03分■ユナイテッド航空175便、ボストン発ロサンゼルス行きがWTC2（南棟）に激突

［9時10分頃］

ビルの管理会社の人がドアを開けて入ってくる。「逃げろ。避難するんだ」。非常階

段を使って社員5人が、かたまって動くように……、階段はせまく急で、ところどころ濡れていて滑りやすいため、急いで下りることができない。

80階、70階……、年配の人が息を切らしている。煙を吸い込んでうずくまっている人がいるが、さいわい煙はそれほどでもない。みんな余裕があり、お互い助け合いながらの避難。

45階……。ビルの食堂から水などの飲料を調達してくる人がいる。皆に分け与える。ひと息つく。

35階……。ビルの管理会社の人が被害の状況をチェックしているのが見える。消防隊員が非常階段を上がってくる。その数、10名、20名……、隊員の列は途切れることがない。5、60人は見ただろうか。……。

20階……。階段を下りる列が止まる。暗い。人が大勢いる。煙が強くなる。苦しい。避難の列が逆に上がってくる。行き止まりになっているのか、列が進まない。もうだめか。ここで死ぬのか……。「進め」という声。「進めない」という声が下からする。怒号、悲鳴、パニック寸前。消防隊員が叫ぶ。「落ち着け。大丈夫だ」、「こっちに出られるぞ」。

１６階……。ビルの中を横切る。スプリンクラーの水が雨のよう。暗い、足元しか見えない。壁が崩れているのか、足元が悪い。必死に前についていく。どれくらい歩いたのか。また階段。下りる、下りる。遠くの方に明かりが見える。もう少しだ。誘導の消防隊員。足元は瓦礫の山。乗り越えるようにして歩く。あたりが急に明るくなった。眩しい。ここはどこだ？　ロビーだ。しかし、これがロビーか。あのワールドトレードセンターのロビーか。灰とほこりで真っ白。まるで廃屋じゃないか。

誰かが倒れている。灰で真っ白で性別もわからない。声をかけようか。動かない。死んでいる。

９時５０分■ＷＴＣ２（南棟）倒壊

［１０時１５分頃］

外に出る。啞然。何だ、これは。戦場か。何が起こっているんだ。あたり一面瓦礫の山、灰、ガラスの破片。雪のように積もった灰で足首まで埋まってしまう。歩きにくい。思わずビルを見上げる。ビルがギシギシと音をたてている。上からコンクリートの破片が落ちてくる。危ない……。

「止まるな、走れ。急げ」。消防隊員が叫ぶ。走る、走る。50メートルほど離れる。助かった。安堵、脱力感。時計を見る。10時15分過ぎ。1時間以上あそこにいたのか。携帯電話をかける。皆は無事か。電話は通じない……。

［10時30分頃］

ようやく電話が通じる。家内の声。泣いている。無事とだけ知らせる。皆は無事か。歩きながら電話をかけ続ける。

現場から300メートルくらい離れたろうか。現場の方向から大音響。何が起こった？　爆撃か？　飛行機が墜落したような音。後ろを見る。人、人、人。みんな走ってくる。狂ったように。その後ろには煙。大きな煙。見たこともないような大きな煙。ビルの数倍もの高さの白い煙がぐんぐんと迫ってくる。危ない。走る。走る。足が痛い。それでも走る。

煙の勢いが止まった。もう来ない。助かった。

10時29分■WTC1（北棟）倒壊

また電話。通じない。皆は無事か。これからどこに行こう？　ラジオが叫ぶ。橋もトンネルも封鎖。地下鉄も鉄道も動かない。どこへ行こう。とにかく歩く。北へ、北へ。怖くて後ろを見ることができない。

［11時30分頃］

誰かが話している声が聞こえる。「ビルがなくなった」

あのビルが？　110階建てのあのビルが？　そんな馬鹿な。思わず振り返る。煙が立ち込めていて下の方が見えない。でもあのビルは雲を突くような高さのはず。あるべき高さのところにビルが見えない。本当なのか。なくなったなんて信じられない。何かの間違いだ。啞然とした状態のまま歩き続けた。北へ、北へと……。

さまざまなリスクを乗り越えた、「サハリンⅡ」プロジェクト（三井物産、三菱商事の果敢な挑戦）

自然災害、人為的なテロなどと同様、商社には常に事業にまつわる複雑多岐なリスクも付きまとう。その例の一つにいわゆる「サハリンⅡ」プロジェクトが挙げられる。

三井物産が一二・五パーセント、三菱商事が一〇パーセント出資するサハリン・エナジー・インベストメント（SE、ほかにガスプロム五〇パーセント＋一株、ロイヤルダッチ・シエル二七・五パーセント——株出資）が送り出した船エナジー・フロンティア号はLNGを山積して、二〇〇九年三月二九日にロシア・サハリン州の南部プリゴロドノエ港のLNG生産設備を出発し千葉県・袖ヶ浦港に到着した。

プロジェクトの検討開始から実に二五年を要し、途中で国家、環境問題、私企業の思惑などが錯綜し、一時、開発中止の危機に陥った。そして、それを乗り越え成功した大プロジェクトもまた珍しい。

ロシア・サハリン島の北東部海上一〇マイルの沖合で、原油の生産が始まったのは、一九九九年であった。事業化調査（FS）がスタートしてから、およそ七年半の年月を経ていた。そもそも旧ソ連貿易に強かった三井物産が、サハリンの原油・天然ガス開発に関わったのは、一九八〇年代にさかのぼる。当時、わが国ではエネルギー資源の多様化と供給先の脱中東化、環境問題の顕在化などの問題が浮上していた。

一方で、総合商社もまたエネルギー獲得戦略を推進し、とくに石油・エネルギー分野に圧倒的に強かった三菱商事を多分に意識した、三井物産のサハリン・プロジェクトへの取り組み意欲は相当なものがあった。加えて、厳寒の地とはいえサハリンと日本は、まさに至近の距離にあり、輸送面でのメリットが大きく、またピルトゥン・アストフ、ルニの二つの鉱区に眠る原油・コンデンセート油が約一一億バレル、天然ガスが約一七兆立方フィートという、合わせて石油換算で約四〇億バレルの豊富な可採埋蔵量が眠る地だった。これは、日本の電力・ガス会社及び三井物産にとって、最大の魅力だったのである。

一九九四年に三井物産は、ロイヤルダッチ・シェルを開発推進主体とするSE社を設立。ロシア政府と生産物分与契約（PSA）を結び、本格的な開発に着手することになった。そして九九年から、夏場のみ原油生産（日量約八万バレル）をはじめたのである。また石油と合わせて事業総額二〇〇億ドルを投資し、二〇〇八年には、わが国LNG使用総量の実に一八パーセントを占めるとされる大プロジェクトが動き出したのだ。

しかし二〇〇四年から始まった世界的な各種資源価格の高騰は、世界最大級の原油・LNG生産国であるロシアの存在感を高め、資源ナショナリズムを強める結果となってしまった。同時にサハリンⅡは、環境保護と開発の共存というサステイナブル・デベロップメント（持続可能な開発）を標榜していたため、その対応にも迫られることになった。

硬化するロシアの態度

とくに二〇〇六年に起きた問題の底流は、その前年にオペレーターであるSE社（当時の出資比率シェル五五パーセント、三井物産二五パーセント、三菱商事二〇パーセント）が、総事業費を当初の一〇〇億ドルから二〇〇億ドル強に達するという、大幅な上昇を公表したことにあった。

この交渉は実質的にシェル主導で行なわれたとされているが、ロシア側、とくに当時のプーチン大統領と親密な関係にあったロシアの石油・天然ガス会社の最有力企業、ガスプロム（本社サンクトペテルブルク市、アレクセイ・ミレル社長）が不信感を抱いた。

そして追い討ちをかけるように、ロシア政府の天然資源省・自然利用監督局がLNG基地のある南サハリン島南部のプリゴロドノエに至るパイプライン敷設工事に関して、環境上問題があると指摘した。とくに、サハリン中部のマカロフ地区では、工事によって地滑りが起きていることやピルトゥン・アストフのガス田施設に関する過剰廃水が問題として、同省は工事の認可を取り消したのである。

これを受けてSE社も、マカロフ地区での工事の一時的中断を決定した。だが、プリゴロドノエのLNG基地建設は続行し、二〇〇八年夏までにLNGを輸出する計画に変更はない、との姿勢を強調した。

限定的とはいえ、この工事の中断措置はわが国の東京電力、東京ガスなどの需要家を慌てさせた。ロシア側にも悪影響を及ぼすことが確実なプロジェクトの全面中止はありえないにしても、工事再開が大きく遅れることになれば、わが国への影響もはかり知れず、この問題の行方に関心が集まった。

次に問題化したのは、コストの大幅な上昇である。サハリンⅡの総事業費の当初の予算は前述のように一〇〇億ドルだった。その後の予算の増加は、ロシア側の許諾がないまま推移していった。その理由は、ピルトゥン・アストフの油田からのパイプライン経路を、保護の対象となっているコククジラの生息地を迂回させるようにルートを変更するのにともなうものや、世界的に高騰した資材・機材関連コストの大幅上昇などが重なったためだった。

SE社はこのコスト上昇について、ロシア側も了承するのではないか、との楽観的な見通しがあったようだ。しかし、契約締結時にはこのような事態が起きるとは想定できなかったとはいえ、当然のことながらロシアの大統領府も了承しなかった。ロシアは一九九九年からの石油生産開始（夏季半年間限定でのピーク時原油日産生産量九万バレル）からも収入を得ることができず、事業費が倍増した場合には、今後さらに一〇年ほどは収入の見込みが立たなくなる恐れがあることなどを理由に、コスト上昇については受け入れ困難との意向を示したのである。

また、旧ソ連時代でのPSAなどの契約が法的な意味で有効なものであるのかどうかや、環境問題もあり、大統領府、天然資源省、産業エネルギー省、経済発展貿易省、会計検査院など関係する諸官庁の見解もさまざまであった。結局、サハリンIIの契約そのものについては有効とし、SE社及び関係する各国に対して、ロシアと何らかの合意点を見出すよう求めたのである。これに関して国内外の報道機関が連日報道を繰り広げるなど、二〇〇六年の秋はサハリン問題一色となり、三井物産、三菱商事関係者は一喜一憂したものである。

当時の経済産業省の甘利明大臣が、「(メディアは)騒ぎ過ぎだ。一部で工事の滞りはあるが、サハリンII全体が中断もしくは契約が破棄されるなどのような事態にはならない」と明言したこともあった。これは、仮にそのような事態になれば肝心のロシア側も莫大な収入が得られなくなるばかりか、国際信義上からも大問題になるとの意識が働いたからである。

もともとサハリンⅡは第一段階で二七億ドルの支出があり、二〇一四年までの第二段階の予算は一九二億ドルに増大し、全体の総事業費は二一九億ドルとなるとSE社では試算していた。こうしたなかでシェル、三井物産、三菱商事の三社は総事業費を三六億ドル程度圧縮することにより、コスト回収期間を短縮し、ロシア側が早期に利益配分が得られるよう譲歩する方針を固め、年内の早期決着をめざすことで合意したのであった。

ガスプロムの参加意欲

そして、本来は別々の問題であったはずの環境問題、事業費並びにコスト上昇問題に加えて、さらにガスプロムの参加問題が浮上してきたのである。

ロシアで最初の本格的なLNG事業ともなるサハリンⅡに対して、さまざまな技術の取得上からもガスプロムは参加の意欲を示し、二〇〇五年には西シベリアのガス田との権益交換をロイヤルダッチ・シェル側に持ちかけるなど動きはじめた。そして二〇〇六年一二月に事態は加速する。

ガスプロムとシェル側が契約の主管官庁であるロシアの産業エネルギー省の参画の下で、ガスプロムの出資に応じる代わりに、シェルないしSE社がオペレーターとしての地位を保つことで合意した。そして同月一五日には、当時の三井物産の槍田松瑩社長、三菱商事の小島順彦社長もモスクワでの会合に出席し、最終合意に向けて協議が重ねられた。

結局、SE社を構成するシェル、三井、三菱はガスプロムとの間で議定書（プロトコール）を締結した。今後、ガスプロムはSE社株式の五〇パーセント＋一株を七四・五億ドルで取得することとなり、SE社の新しい株主構成はガスプロム五〇パーセント＋一株、シェル二七・五パーセント－一株、三井一二・五パーセント、三菱一〇パーセントとなったのであった。またSE社は、今後もこのプロジェクトのオペレーターとしての役割を担い、シェルは技術的なサポートを引き続いて行なうこととなった。

そして、四社が協力して先述の日本の電力・ガス会社を中心とする需要家や、韓国及び米国西海岸の顧客に対してスケジュール通りLNGを供給すべく、プロジェクト完工に向けて全力をあげて取り組むことで合意をしたのである。

なお、サハリンⅡプロジェクトは、原油の通年にわたる生産開始を二〇〇七年冬、LNG出荷開始は二〇〇八年夏頃を予定していた。

この第二段階では、約一二〇億ドルの資金が投入され一万七〇〇〇人以上の雇用が図られた。一方、サハリンⅡプロジェクトは既述のようにPSA契約にもとづき開発が行なわれていたが、株主の四社がプロジェクトの建設資金を調達して開発リスクを担い、原油及びLNGの販売収入から資金を回収する仕組みとなっている。また、二〇〇六年一二月までに約六億ドルをロイヤルティや税金としてロシア政府に支払っている。

サハリンⅡに先行する同Ⅰプロジェクトに関与していたエクソンモービルのように、オイルメジャーがこの種のプロジェクトへ参加する場合は、三〇パーセント程度の権益を得るというのが通常のようである。

サハリンⅡの場合、マクダーモットやマラソンといったかつて参加をしていた独立系石油会社が、その後撤退し、その分の持ち株をシェルが五五パーセントにまで増加させたという経緯があり、やや特殊なケースともみられるが、再合意における二七・五パーセントという比率は通常のメジャーの出資方式に戻ったともいえる。

三井物産と三菱商事は議定書の調印が行なわれた同月二二日に、「ガスプロムが新たにプロジェクトに参加することを歓迎する。ロシアと日本の絆が深まり、サハリン島における更なるエネルギー供給源の開発に参画する機会がもたらされるものと確信する。また、

SE社株主四社が結束し、その相乗効果により、SE社がアジア・太平洋マーケットに高く評価されるサプライヤーとなることを確信する」とのコメントを出した。

こうして、サハリンⅡについての二〇〇六年夏から冬における大騒動は一応の落ち着きをみせた。

そして二〇〇七年四月には、三井物産、三菱商事、ロイヤルダッチ・シェルの三社が、共同出資会社SE社の株式の一部をガスプロム社へ譲渡したのである。ガスプロム社への株式譲渡額の総額は七四億五〇〇〇万ドルで、それぞれの譲渡額は三井物産が一八億六二五〇万ドル、三菱商事が一四億九〇〇〇万ドルとなった。

また、SE社がサハリン島の魚類、動植物の生態系保全計画を盛り込んだ改訂環境対策計画書も、ロシアの天然資源省が承認した。

サハリンⅡで、ピーク時一日当たり生産量一五万バレルの原油、ならびに年間九〇〇万トン生産されるLNGは、約六割が日本へ、約四割が韓国及び米国西海岸向けに供給されることになっている。いずれにしてもサハリンⅡのような大規模資源開発には、さまざまな課題が複雑に絡み合い、そして長い歳月を要するものであり、日本で取り組める企業体は総合商社のほかに見当たらない。

東日本大震災により生じた電力エネルギー源不足のため、火力発電で使用するＬＮＧに寄せられる期待は高い。東京電力などは、震災発生直後に商社に対していち早くＬＮＧの安定供給を要請している。一方で、ロシア側もかねてよりガスプロムがサハリンⅢの開発を手掛けており、キリンスキー鉱区を中心とするⅢは、一連のサハリン・プロジェクトのなかでもＬＮＧや石油の可採埋蔵量が多いとされている。わが国との近距離性というメリットがあることからも、Ⅱと同様な形態で日露共同事業となる可能性を秘めている。

第七章　影響力の増大と今後のヴィジョン

社会インフラと総合〝公〟社化

商社の近年の行動様式の特徴の一つに、国内外で〝公〟的側面を強め社会的な影響力を増していることが挙げられる。いわば総合商社の総合〝公〟社化である。

すでに国内では、市街地再開発・地域開発に商社が取り組むケースも多い。

たとえば、東京や関西で多くの優良マンションの建設・販売に実績をあげてきた住友商事は、現在、神奈川県のJR辻堂駅前の大規模商業施設の開発を行ない、東京電機大学の東京千住キャンパスの建設、神田キャンパス跡地再開発などにも取り組んでいる。また、伊藤忠商事や丸紅なども、国内のマンション事業や中国での不動産関連事業を行なっており、海外での民間型電力開発（インディペンデント・パワー・プロデューサー、IPP）などの分野にも注力している。

海外インフラで、今でも語り草になっているのが、伊藤忠商事・石川島播磨重工業（IHI）連合がトルコのイスタンブールで一九八八年に完成させた、第二ボスポラス大橋（征服王スルタン・メフメット大橋）プロジェクトである。受注を巡ってイギリスが国を挙げて猛烈に巻き返し、世界的にも大きな話題となった。社会インフラ事業は時に〝国益〟

が絡むケースがあり、商社はその矢面に立つ場合もある。

こうした実績もあって、さらに伊藤忠商事・IHIの日本連合は二〇一五年完成を目指し、イスタンブール南東のイズミット湾に架かる予定の長大橋（世界第四位）を、契約金額一一億ドルで受注している。これには国際協力銀行（JBIC）などが資金面から協力していくことになっている。

近年目立つことは、経済成長や環境問題への国民の意識の高まり、あるいは雇用政策上の観点から、とくに海外での電力、環境・水、新交通など社会の基盤（インフラストラクチャー）となる設備、施設の開発・建設分野でのビジネス需要が高まっていることである。総合力を持つ総合商社がそれをビジネスチャンスと捉えて、旺盛な意欲を示しているのだ。社会インフラの需要は二〇三〇年までに世界全体で累計四〇兆ドルという額に達するとのOECDの予測もある。アジアに限っても、ADB（アジア開発銀行）は二〇一〇年から二〇二〇年にかけて電力、通信、交通輸送、水・衛生分野で投資額約八兆ドルと予測している。

わが国政府も、高まる世界的な社会インフラの需要への対応を急ぎ、二〇一〇年九月に

「パッケージ型インフラ海外展開関係大臣会合」を立ち上げ、数回にわたって開催した。二〇一一年二月の会合では、インドネシアでの具体的なプロジェクトが検討された。また二〇一〇年一二月には、外務省が経済外交推進本部を省内に設け、「インフラプロジェクト専門官」として、四九ヵ国五六公館の約一二〇人の公使、領事、参事官、書記官などを指名し、在外民間商工会や政府系機関、商社などと連携を深め現地のインフラの情報収集・支援にあたっている。

また二〇一二年四月には、日本政策金融公庫から独立した国際協力銀行（JBIC、総裁・奥田碩トヨタ自動車前相談役）が正式に発足する予定であるなど、制度金融面からもバックアップ体制が強化されることになっている。

インフラ関連のおもな取り組み

インフラ関連のプロジェクトに取り組むには、現地の政府との折衝や、開発・工事への応札・入札、資機材調達、人員確保、施行・建設、ファイナンス（資金調達）、運営、メンテナンス、研修・トレイニーなど多岐にわたるプロセスと、それをトータルにこなすマネジメント能力が必要になってくる。

また、社会インフラ関連は大型プロジェクトとなるため、現地企業・関係機関を含むコンソーシアム（企業連合体）を組成するケースも少なくない。この場合、まとめ役、インテグレーターの存在が重要となってくる。その最適な企業体が、総合的な機能を果たせる総合商社なのである。そして総合商社の〝公〟社化は、各社の体制・組織の編成の仕方にも表れてきている。

既述の通り、三菱商事は二〇一二年四月に社長直轄部門として、「地球環境・インフラ事業開発部門」（所属員約三〇〇名）を発足させている。同部門は新エネルギー・電力事業本部と環境・インフラ事業本部の二本部で構成され、それぞれ四つのビジネス・ユニットがある。

同部門が取り組んでいる案件は多いが、代表的な事例を見ると、①73MWの太陽光発電所をタイ・ロッブリー県で建設、②スペインの新エネルギー最大手アクシオナ社と20MW、一〇万世帯分の電力供給、③GSユアサと共同で、年間約七万台分の電気自動車用リチウムイオン電池の生産、④オーストラリアでトリニティ社に資本参加し、上水道事業を一括受注したほか、マレーシアなど全世界二〇〇〇万人に水を供給、⑤排出権ディベロッパーとして世界的な展開、などである。

また次に示すように、各商社も得意分野で公的分野への挑戦を行なっている。

・電力ビジネス

電力関係は社会インフラのなかでも、機軸を成すその代表的な事業といえる。

そして、そのビジネスモデルにはEPC（エンジニアリング・プロキュアメント・アンド・コンストラクション）という、発電所建設までの設計・施行や資機材の調達・納入を行なうビジネスがあり、さらにIPPとして発電所を所有し、発電事業そのものを行なうビジネスもある。IPPビジネスでは発電所を新規に建設して、所有・運転・売電するケースと、既存の発電所を買収するケースがある。また、中東地域で見られるように、IPPに海水淡水化プラントを加えて、造水まで行なうIWPPという方式もある。

丸紅は伝統的に電力事業分野には強く、海外での持分発電容量が二〇一一年六月には約八五四MWと、欧米のIPP専門事業者並みのパワーを所有し、二〇ヵ国以上で事業を展開している。また、二〇一三年三月末の目標を一〇〇〇MW以上とするなど、さらに電力ビジネスを拡充する方針をもっている。

前述のように、IWPP事業は多くの要素が関係してくるため、事業形態も複雑になる。

丸紅がアブダビのタウィーラB地区で稼働しているプロジェクトは、総出力二〇〇万KWの電力と七五万トンの造水という規模で、総事業費三一五〇億円という大規模なものである。

なお、電力や水関連ビジネスにも資産管理・ポートフォリオの視点から、発電権益の売買や事業体株式の買収といったケースもある。

丸紅は、二〇一〇年にスペインの有力銀行、サンタンデール銀行の子会社から、チリで第三位の水事業会社アグアス・ヌエヴァ社の株式を産業革新機構とともに一〇〇パーセント取得し、チリ国内での給水人口がチリの人口のほぼ一〇パーセント、一三四万人となった。

また、電力ビジネスも多様化しており、同じく丸紅はグーグル社（米）、グッド・エナジーズ・インベストメント社（スイス）、アトランティック・グリッド・デベロップメント社（米）との間で、アメリカ中部大西洋岸地域での洋上風力発電と需要地を結ぶ大規模海底送電線の開発業務を、共同で推進することで合意している。

将来的には、原子力発電四基分に相当する発電容量約六〇〇〇MWの洋上風力電源を接続する構想である。

になる。

・新交通システム

二〇一〇年一二月に新青森駅までの東北新幹線、翌年三月には鹿児島中央駅までの九州新幹線がそれぞれ開通し、青森県から鹿児島県まで日本は新幹線で一本につながったことになる。

そして二〇一一年三月一一日に発生した東日本大地震によって不通となっていた東北新幹線は、震災後わずか五〇日目で全線復旧し、日本の鉄道技術・システムのレベルの高さをあらためて世界に示すこととなった。また東海旅客鉄道（JR東海）は、同年五月には〝リニア中央新幹線〟の建設指示を国土交通省から受け、東京―大阪間を約一時間で結ぶ夢の実現に向けて走り出した。

わが国の新幹線をはじめとする新交通・鉄道システムは、CO_2排出量が少なく効率性にまさる大量の輸送機関として各国で再評価され、国家レベルで導入の動きが出ている。

総合商社が関係したプロジェクトとして有名なのは、二〇〇七年に開業した台北市（台北駅）から高雄市（左営駅）を結ぶ台湾新幹線（台湾高速鉄路）である。現地有力企業のエバーグリーン・グループなども参画したこのプロジェクトは、わが国企業も数多く参加したが、その幹事会社となったのが三井物産だった。

二〇〇〇年から二〇三〇年までの、世界における新交通・鉄道システムへの投資額は、約一五〇〇兆円に達するという見方もあり、商社もさらなるビジネスチャンスをうかがっている。

アメリカでは、一八兆円規模になるとされる巨額のプロジェクト構想がある。ボストン―ワシントン、サンフランシスコ―ロサンゼルス、ダラス―ヒューストンなどを結ぶ高速鉄道網である。またロシアではモスクワ―サンクトペテルブルク、ベトナムではハノイ―ホーチミン間など、世界各地で構想が浮上している。

最近、期待がもたれているケースの一つに、インドのデリー―ムンバイ間の一四八三キロメートルの貨物専用鉄道の建設・整備を中心とする、産業大動脈（DMIC）構想が挙げられる。これには、沿線の一五〇キロメートルの地域に工業団地やスマートコミュニティを建設する構想も盛り込まれており、三菱商事・三菱重工業・日揮などがコンソーシアムを組み、取り組もうとしている。

また、この構想推進のため、国際協力銀行（JBIC）は民間銀行とともにインドインフラ金融公社への融資を行なうことになっている。

・水・環境プロジェクト

経済成長と人口の急増が進むアジアや中南米、中近東などでは、上下水道の整備が求められている。

上下水道及び排水処理のシステム設計、建設・工事、運営などをトータル的に受注し、安全・安定的に水を提供していくことが重要となっている。現在では〝水メジャー（給水総人口一億人を超える民間事業者）〟とされるフランスのヴェオリア社とスエズ社が、〝本当のパリ通は下水処理システムを語る〟といわれるほどの伝統ある実績をもとに、世界中でプロジェクトの展開を図っている。

上下水道・汚水処理の事業形態にも種々あり、民間や公的部門での設備の運転、保守までさまざまだが、最近、商社がメジャーに伍して独立系総合水事業者（IWSP、インディペンデント・ウォーター・サービシズ・プロバイダー）を目指し、世界各地でこの分野への進出を図っている。

三井物産は、シンガポールのハイフラックス社と合弁事業会社のギャラクシー社を設立し、中国で二四の水事業資産を運営中でその総投資額は約三五〇億円となり、中国での総水処理量は一日当たり一〇〇万立方メートル強となる。またタイやメキシコ、トルコなどでも実績をあげている。

丸紅は、チリでの案件のほかに、オーストラリアで水処理エンジニアリング会社オスモフロ社の株式四〇パーセントを取得し、逆浸透膜（RO膜）技術を生かした水処理をさまざまな地域で応用しようとしている。丸紅はこのほかに中国、中近東、中南米などでも上下水道・汚水処理事業に積極的で、二〇一三年には給水人口の目標を一〇〇〇万人としており、世界トップ一〇入りを目指している。

政・官・財にわたる影響力

総合商社七社の従業員の総数は、単体ベースで三万一五〇〇名ほどであり、メーカーである日立製作所のほぼ一社分に過ぎない。しかしその〝小さな〟商社が、資源高の影響やバリューチェーンの構築などで、巨大メーカーに引けを取らない収益を誇るまでになった。それにともない近年、政・官・財をはじめとした各界での総合商社のプレゼンス（存在感）が大きくなってきている。

かつて、商社の経営幹部が〝士農工商〟などと表現して自らを卑下していたことを考えると、隔世の感がある。

二〇〇六年、安倍晋三首相を中心とする自民党新政権がスタートしたが、その経済政策の針路を定めたのが「経済財政諮問会議」だった。同会議は議員のほかに、経済閣僚や日本銀行総裁、民間団体や学者で構成されたが、委員のなかに当時の御手洗冨士夫日本経団連会長（現 キヤノン社長兼会長）とともに丹羽宇一郎伊藤忠商事会長（現 中国大使）が起用され、商社の持つ存在感と影響力の高まりを再認識させられた。また麻生内閣時には、有識者で構成される「安心社会実現会議」が設けられ、そのメンバーに小島順彦三菱商事社長（現会長）が指名された。

民主党政権になっても三菱商事の小島会長は、菅直人内閣のもとに設置された有識者で構成される「経済情勢に関する検討会合・実務者検討ユニット」のメンバーに指名された。

野田政権がスタートして二ヵ月足らずの二〇一一年一〇月早々、野田首相と商社関係者との〝接触〟がみられた。一〇月四日には年内訪中の可能性について、丹羽宇一郎中国大使及び外務省幹部と話し合ったとされている。またその翌日五日には、住友商事の岡素之会長、王子製紙の鈴木正一郎会長、トヨタ自動車の張富士夫会長などと夕食会をもったという。

また一〇月二一日には、三菱商事の小島順彦会長やNTTの三浦惺社長などを世話人とし、おもに財務省などの公官庁と主要民間企業の次世代リーダーの育成を目的とする「フォーラム21梅下村塾」の総会で、首相として最初に挨拶をしている。

一方、住友商事の岡素之会長は内閣府の行政刷新会議の「規制・制度改革に関する分科会」の分科会長を務めると同時に、総務省の「政策評価・独立行政法人評価委員会」の委員長でもある。また経済産業省の産業構造審議会の委員二一名のなかに槍田松瑩三井物産会長（日本貿易会会長）が入り、とくに「インフラ・システム輸出部会」のメンバーとして活躍するなど、行政機構の各種審議会・研究会メンバーに多くの商社マンが参画する動きが活発化している。また同時に、商社から外務省をはじめ各行政機関へ直接出向するケースも目立っている。

このように、商社（関係者）と政治ないしは行政との距離は年々近くなっている。

そして、OBにまで枠を広げれば、井沢吉幸元三井物産副社長が日本郵政副社長兼ゆうちょ銀行社長、森中小三郎元住友商事副社長が成田国際空港社長、そして西村英俊元双日社長が西日本高速道路社長として、それぞれ活躍している。

こうした例はほかにも多くみられるが、要は、政治状況がいかに変化しても商社の存在感の大きさは変わらないということである。

加えて、対外関係で注目されるのは、大使に商社マンが起用されるケースが目立つことだ。丹羽宇一郎伊藤忠商事会長が中国大使に選任された以前にも、松山良一元三井物産理事（現　国際観光機構理事長）がボツワナ初代大使に、杉浦勉元丸紅経済研究所顧問がブルキナファソ初代大使に起用されている。さらに、ニューヨークにある一九〇七年創立という日米交流団体のジャパン・ソサエティー（JS）の理事長に、前ニューヨーク総領事である桜井本篤元三菱商事常務兼米国三菱商事社長が就任している。

そして、世界経済フォーラム（ダボス会議）やボアオ・アジア・フォーラム、トライラテラル・コミッション（三極委員会）など、国際的な会合の場でも商社首脳が主力メンバーに指名されるなど、商社の存在感は一層高まってきている。

一方で、日本経団連をはじめとする、通称、財界と呼ばれるおもな経済諸団体における商社関係者の進出や活躍も目立ちはじめている。時に官僚に対して〝民僚〟とも呼ばれるおもな経済団体のなかで、頂点に立つのが日本経済団体連合会（経団連）である。

二〇〇二年五月に旧経団連と旧日本経営者団体連盟（日経連）が合併し、正式に日本経済団体連合会として再スタートしたもので、現在の会長は米倉弘昌住友化学会長である。二〇一〇年五月に就任した時は、いわゆる財閥系企業で最初の会長となり、二〇一一年五月から二年目に入った。

その米倉経団連の副会長は以下のようになっている（二〇一一年七月現在）。

大橋洋治　全日本空輸会長
岩沙弘道　三井不動産社長
渡辺捷昭　トヨタ自動車相談役
西田厚聰　東芝会長
宗岡正二　新日本製鐵社長
川村　隆　日立製作所会長
坂根正弘　小松製作所会長
三浦　惺　日本電信電話社長
小島順彦　三菱商事会長

畔柳信雄　三菱東京ＵＦＪ銀行会長
勝俣宣夫　丸紅会長
大塚陸毅　東日本旅客鉄道会長
斎藤勝利　第一生命保険会長
奥　正之　三井住友フィナンシャルグループ会長
宮原耕治　日本郵船会長
大宮英明　三菱重工業社長
中村芳夫　経団連事務総長

二〇〇二年当時は、槇原稔三菱商事会長と上島重二三井物産会長の二人が副会長に名を連ね、話題となった。副会長ポストは通常、一業種一社が原則だったので、このケースはきわめて異例といえるものだったからだ。この商社からの二人の副会長輩出は、以降、一時期を除いてほぼ続けられており、今回も小島順彦三菱商事会長と勝俣宣夫丸紅会長が新しく選ばれ、勝俣宣夫経団連副会長は丸紅からは四四年ぶりの選出となった。

また、評議員会議長には渡文明ＪＸホールディングス相談役が就任したが、次期副会長候補でもある同会議副議長一六人のなかに、加藤進住友商事社長と小林栄三伊藤忠商事会長の二人が選ばれていることも注目点である。

また経団連の各委員会で、商社関係者の委員長（共同委員長を含む）起用も多くなっている。以下はそのおもなものである。

行政改革推進委員会
日本ベネズエラ、コロンビア経済委員会
　小島順彦三菱商事会長
農政問題委員会
日タイ貿易経済委員会
　小林栄三伊藤忠商事会長
貿易投資委員会
　勝俣宣夫丸紅会長
経済連携推進委員会
日本ベトナム経済委員会
加藤　進住友商事社長

東亜経済人会議日本委員会
檜田松瑩三井物産会長
中南米地域委員会
佐々木幹夫三菱商事相談役
日本ブラジル経済委員会
飯島彰己三井物産社長
カナダ委員会
サブサハラ地域委員会
土橋昭夫双日会長（二〇一二年四月、取締役）
日本・インドネシア経済委員会
朝田照男丸紅社長
日本ロシア・日本ＮＩＳ経済委員会
岡　素之住友商事会長

海外に強い商社らしく、国際関係での委員会で商社首脳の起用が顕著となっている。
とくに資源をはじめ多くの可能性を秘めたブラジル、インドネシア、ベトナムなどの委員会の委員長ポストが注目され、ブラジルでは飯島彰己三井物産社長が委員長に就任し、財界デビューを果たしている。また、土橋昭夫双日取締役が新しくカナダの共同委員長に就任したことも注目される。

一方、経済同友会は、二〇一一年四月に新しく代表幹事に長谷川閑史武田薬品工業社長を選出した。その長谷川同友会の委員会や部会などでも、鍋島英幸三菱商事副社長、小林栄三伊藤忠商事会長、加瀬豊双日会長、関山護丸紅副社長など商社の幹部が各委員会の委員長などに就任している。また、二〇一二年四月から小林栄三伊藤忠商事会長が副代表幹事の一人に選ばれ注目されている。

そして、経団連、同友会と並ぶ財界三団体の一つ、日本商工会議所（日商）及び東京商工会議所でも、商社の存在感は大きい。

日商は各地の商工会議所で構成され、なかでも東京商工会議所（東商）は中心を成し、東商の会頭が日商の会頭を兼ねることになっており、現在は、岡村正東芝相談役が会頭に就任している。その東商は九人の副会頭を置いているが、そのなかの一人に、小林健三菱商事社長が就任している。そして、日商の特別顧問には佐々木幹夫三菱商事相談役、辻亨丸紅相談役、小林栄三伊藤忠商事会長、大橋信夫三井物産顧問が就いている。

このように社会的にも存在感を増した総合商社は、将来図をどのように描いているのだろうか。

継続的事業価値の創出（三菱商事）

各社は中長期ないしは向こう二年間ほどの短期の見通し・計画を立て、それに沿って日々のビジネスを展開している。むろん、計画・見通しには東日本大震災のように想定外の事象が起き、前提条件が異なるために修正が加えられることが通常である。しかし、根本的に流れる方向性や定性的な目標といった面では大きく変わることはあまりない。

つまりは、各商社の短期・中長期の経営計画を見れば各社が何を目指し、どこに向かおうとしているのかが理解できるのである。

三菱商事は、二〇一〇年六月に小林健社長体制となり、同年七月に「中期経営計画二〇一二――継続的企業価値の創出に向けて」を策定し、公表している。

継続的企業価値は、次の三つの継続的価値から成るというのが基本的な考え方である。

継続的経済価値
弛まぬ収益モデルとポートフォリオの変革により、健全な利益成長及び企業価値の増大を目指す。
継続的社会価値
企業市民として、〝社会との共生〟という観点から〝経済社会の発展〟に寄与する。
継続的環境価値
地球を最大のステークホルダーと捉え、〝地球環境の保全・改善〟に取り組む。

そして、いくつかのポイントのなかで「収益モデルの変化と多様化」として以下の三点を掲げている。

まず、第一は、トレーディングによる収益獲得を生業としている収益モデル、第二は資源投資・金融投資による収益獲得を生業としている収益モデルであり、第三は、非商社事業の運営による収益獲得を生業としている収益モデル（メーカー、オペレーターなど）である。

これら収益モデルの拡張・転換にともない、ビジネス環境・事業推進母体の事業投資先(子会社・関連会社)への移転が進んでいる、ないしは進むとの認識だ。そして、第一から第三までの収益モデルは営業の基本となる「ビジネスユニット」(BU)や「場所」(地域拠点・責任体制)の在り方にも影響を与える。

定量目標としては、平成二四年度の連結純利益として五〇〇〇億円を目指すこととし、この水準は過去最高益である平成一九年度の四七〇九億円を上回ることになる。一方、ネット有利子負債倍率(ネットDER)は一・〇から一・五倍を目処とし、財務面での健全性も維持する方針だ。

次に投資計画では、中期経営期間中に毎年七〇〇〇億円から八〇〇〇億円を目処に、三ヵ年合計で二兆円から二兆五〇〇〇億円の投資を行なう。具体的には全社戦略地域・分野に向けた投資として四〇〇〇億円から五〇〇〇億円、金属・エネルギー資源分野には一兆円から一兆二〇〇〇億円、その他分野では六〇〇〇億円から八〇〇〇億円を計画している。

これらの目標を実現するために実施するおもな施策は、以下のようになっている。

「全社戦略分野・地域の設定」

インフラや地球環境事業を全社戦略分野に設定。

中国、インド、ブラジルを全社戦略地域として設定し、成長著しい新興国の内需の取り込みを図る。

「多様性を活かす経営」

収益モデルと事業ステージによるBU分類（BUマッピング）を導入する。

事業特性に応じた投下資本（リスク調整後）に対するリターンの目標設定を行なう。

「多様性を束ねる経営」

全社戦略分野、地域など、営業グループ・部門をまたがる取り組みに関しては、社長を委員長とする営業企画委員会を新たに設置し、対応方針を取り決める。なお、向こう一年間の事業推進計画を討議する社長とグループCEOやユニット・マネージャー、部長との事業戦略会議を二月から開催、また世界各地の統括・場所長を含めてのMCグローバル会議を一二月に開催する、などとしている。


このように、収益モデルの多様化にともない、拠点、人材、ITにかかわるマネジメントなど、経営基盤の考え方を抜本的かつ総合的に見直している。

挑戦と創造（三井物産）

一方、三井物産は、一〇年後のあるべき姿と、それに向けた方向性を俯瞰した「長期業態VISION―絶え間ない進化（EVOLUTION）を求めて」を二〇〇九年三月に策定、公表した。そして、これをベースに中期経営計画の「挑戦と創造二〇一二―より強い三井物産、輝いて魅力ある三井物産の実現に向けて」を策定し、現在はその過程にある。

二〇一二年三月期の連結純利益目標を三七〇〇億円としていたが、すでに一一年三月期での実績が三〇六七億円、一二年三月期の予想では四三〇〇億円としており、クリアは確実となっている。さらに中期経営計画での重点施策が実現した場合の三から五年後の定量的な純利益目標を、五〇〇〇億円としている。

その中期経営計画には次のような四つの重点施策が盛り込まれてある。

（a）収益基盤の強化と総合力の発揮

各分野での重点策が挙げられている（左図）。

三井物産の中期経営計画の重点施策

資源・エネルギー分野 〜持分生産量増加と埋蔵量維持・拡大	・既存事業の開発遂行や拡張の実行、競争力のある新規権益の獲得 ・グローバルトレーディング・マーケティング機能の強化
非資源分野 〜収益基盤の再構築	・成長する新興国市場（アジア）における事業・物流の拡大 ・グローバル物流ネットワークを梃子にした事業投資展開 ・電力・水・交通などの海外インフラ分野への注力と素材供給への取組強化 ・バリューチェーンにおける川上領域（資源・素材）への取組強化 ・総合力発揮を通じた全社横断取組（自動車、メディカル・ヘルスケア、アグリフード）
環境・エネルギー戦略	・ガスのバリューチェーン（資源開発から供給インフラ整備・運営まで）取組強化 ・再生可能エネルギーへの注力 ・環境問題の産業的解決に向けた新ビジネスへの取組
国内事業基盤の強化	・グローバル展開の梃子となる国内顧客基盤強化 ・注力分野における業界再編や事業統合への主体的取組

具体的には、事業分野（＊）毎に、以下の戦略を設定した。

資源・エネルギー分野	①競争力のある優良権益の取得と資産リサイクルによる収益基盤の維持・強化 ②既存大型投資案件の拡張計画の遂行・競争力強化 ③新興国の需要増に対応するグローバルマーケティング機能の強化 ④環境問題の産業的解決と将来を見据えた新規事業への展開
物流ネットワーク分野 （鉄鋼製品、機械、化学品を中心とする）	①アジアを中心とする新興国における事業プラットフォームの構築 ②重要顧客・パートナーとの関係強化と協業による新たな事業への挑戦 ③グローバル物流ネットワークを梃子とした事業投資展開とバリューチェーンにおける川上への遡上
生活産業分野	①アジアを中心としたグローバルな事業展開とマーケティング機能の強化 ②食料資源・素材分野への取組強化 ③事業強化領域（エレクトロニクス物流、TVショッピング、環境IT、メディカル・ヘルスケア、アウトソーシング事業等）への一層の注力
インフラ分野	①独立発電事業者としての業容拡大と集中型再生可能エネルギー開発 ②海洋エネルギー開発、ガス配給事業などのエネルギーバリューチェーンの要所を押さえた案件開発 ③既存海外水事業プラットフォームによる近隣地域への事業展開 ④都市交通プロジェクトの開発と低炭素社会インフラ構築への取組

（＊）本中期経営計画より、従来のコンシューマー分野を生活産業分野に改称し、物流ネットワーク分野に含まれていた船舶・航空本部と物流本部をインフラ分野に異動している。

(b) グローバル展開の加速と戦略的布陣

本店商品営業本部によるグローバル商品戦略の推進と、海外地域本部による地場に根ざした情報発信、案件開発、パートナー対応等の機能を有機的に結合させ、グローバルな事業展開を加速する。BRICs諸国、メキシコ及びインドネシアを重点地域とする。

これを促進させるため、アジアへの人員配転及びアジアにおける採用を重点的に進めるほか、全社的な人材グローバル化への取り組みを引き続き進める。すでに二〇一一年四月から、中国、台湾、韓国及びロシア・CIS諸国を、世界の各セグメント・本部長の管轄体制から東京本社直轄体制へと移行させた。また、国内の支社・支店、関係会社から約一四〇名をアジア地域へシフトさせるなどの施策も行なっている。

(c) ポートフォリオ戦略の進化

ポートフォリオ管理委員会を中核とする仕組みを通じ、事業領域ごとにその位置づけや対応方針を明確化し、注力分野へは資金や人材などの経営資源をダイナミックに配分していく。また、戦略的な資産売却・リサイクルにも継続的に取り組む。併せて、部門横断的な人材再配分や人材交流を継続し、部門を超えた機能の移植とともに経営人材の育成に注力する。

（d）強い会社を支える経営体制の深化

業務プロセス自体の徹底的な効率化を目的に、全社的な業務プロセス改善に関する活動を推進する。また情報戦略をグループ経営基盤の一つとして捉え、情報システムに関する制度・体制の整備及び社員の意識改革をグローバルに進め、全社戦略の一環として情報システムへの投資に全体最適の観点から取り組む。

さらに、新しい二ヵ年中期経営計画を二〇一二年四月からスタートさせる方針である。

中期経営計画（伊藤忠商事と住友商事）

伊藤忠商事と住友商事は中期経営計画を策定し、揃って二〇一一年五月に公表している。伊藤忠商事の二〇一一年度から二〇一二年度に至る中期経営計画は、「Brand-new Deal 2012　稼ぐ！　削る！　防ぐ！」というものである。その基本方針は、①現場力強化、②攻めの徹底、③規模の拡大としている。ちなみに名称の由来は、まっさらなという意味のブランニューと、新しい施策という意味のニューディールの合成語である。

まず資産の増強だが、一兆円を超えた連結株主資本をさらに積み上げ、財務基盤を継続的に拡充するとし、次のような重点施策を挙げている。

①　中国ビジネス積極拡大

杉杉集団、頂新HD、COFCO、CITICなどとの取り組み深耕。中国ビジネス拡大会議の設置。中国人材の増強。

②　機械関連分野資産増強

IPP、インフラ事業、販売金融を通して安定収益資産を積み上げる。成長分野として二次電池、再生可能エネルギー、ライフケアへの取り組み強化。有力パートナーとの関係強化。案件厳選とメリハリの効いた経営資源配分。

③　資源関連分野拡充

原油・ガスでは権益数量倍増に向けた新規投資とグローバルなトレード展開の強化。鉄鉱石・石炭では豪州・ブラジル拡張投資。石炭大型新規プロジェクトへの参画。ウラン・非鉄・バイオ燃料分野での権益取得。

また、二年間累計でグロス八〇〇〇億円の新規投資を計画しているが、その内訳は、生活消費関連分野に一〇〇〇億円から二〇〇〇億円、資源・エネルギー関連分野に三五〇〇億円から四五〇〇億円、機械関連分野に一〇〇〇億円から二〇〇〇億円、化学品・建設ほ

2012年3月期の連結決算業績予想

（単位：億円、△印はマイナス）

社名	期	売上高	売上総利益	販管費	営業利益	金融収支	持分法損益	当期純利益
三菱商事	12/3	213,000	12,500	△8,900	3,600	950	1,600	4,500
	11/3	192,334	11,499	△8,338	3,161	1,181	1,615	4,632
三井物産	12/3	115,000	−	−	−	−	−	4,300
	11/3	99,425	8,592	△5,422	3,170	503	2,422	3,067
伊藤忠商事	12/3	118,000	10,300	△7,500	2,800	100	1,000	2,800
	11/3	113,926	10,413	△7,852	2,561	68	606	1,610
丸　紅	12/3	100,000	5,600	△3,900	1,700	50	850	1,700
	11/3	90,205	5,222	△3,764	1,458	11	715	1,365
住友商事	12/3	−	9,100	△6,700	−	△80	1,100	2,500
	11/3	83,494	8,640	△6,607	2,033	△81	956	2,002
双　日	12/3	43,800	2,140	△1,640	500	−	−	△120
	11/3	40,146	1,927	△1,552	375	△155	193	160
豊田通商	12/3	60,000	−	−	930	−	−	660
	11/3	57,436	3,307	△2,454	853	△11	136	472

注）12/3＝第３四半期決算公表段階の2012年3月期見通し。双日については11年12月に発表した修正値。
11/3＝2011年3月期実績。（「商社レポート」No.535より）

かの分野に五〇〇億円から一五〇〇億円を予定している。

一方、住友商事の二〇一一年度から一二年度までの新しい中期経営計画は「$f(x)$」（エフクロス）と名付けられている。意味するところは、エフは前回の中期経営計画「FOCUS'10」のエフを指している。クロスは実行を意味するエグゼキューションのエックスを指している。地域・世代・組織の枠組みを超える成長を意味するクロス・バウンダリー・グロウスのクロスの意味合いを込めて、エックスではなくクロスと読むことにしている。

定量目標は連結純利益で二〇一一年度を二二〇〇億円、二〇一二年度を二六〇〇億円とし、リスク・リターン一五パーセント以上を目標としている。そして二年合計の投融資計画は五八〇〇億円とし、内訳は資源エネルギー分野一七五〇億円、風力発電、リチウム、電気自動車などの新産業・インフラ分野に一〇五〇億円、メディア・生活関連分野に一五〇〇億円、その他の分野に一五〇〇億円としている。

また、地域別には国内二三パーセント、先進国四三パーセント、新興国三四パーセントとし、なかでも北米の比重が一九パーセントを占め比較的高いのが特徴となっている。さらに、重点支援地域として米州ではブラジル、欧州・中東地域ではトルコ、サウジアラビア、アジアではインド、中国を挙げているが、期中に見直しや追加もあるとしている。

そして、戦略・重点分野の具体的な取り組みとして、たとえば資源・化学品部門では、マダガスカルにおけるニッケルのアンバトビー・プロジェクトの建設完了・商業生産開始や、ボリビアでの銀・亜鉛・鉛のサンクリストバル鉱山の安定操業・周辺鉱区探鉱の継続など、重点戦略四商品（銅、石炭、鉄鉱石、原油・ガス）を中心とする優良新規権益の獲得を掲げている。また、メディア・ライフスタイル部門では、J：COMの顧客基盤拡大・サービス拡充の推進、住商情報システムとCSK統合シナジーの早期実現やサミット（スーパー）の新規出店などに取り組む、としている。

商社はどこに向かうのか——クォ・ヴァディス

こうした各社の経営計画の概要は実現度の高い目標であり期待であるが、東日本大震災にみられるように、想定外の事態の発生や為替・商品市況の乱高下など商社をとりまく経営環境の変動も激しい。また中期的にはロイター・ジェフリーズＣＲＢ指数や国内設備投資動向、ＷＴＩ原油価格、外為レートなどの指数が商社の経営の対外与件として重要である。

そして経営バランス上からは、非資源・エネルギー部門の強化、高齢化社会に合わせた総合商社ならではの幅広い健康・医療ビジネス分野などへの取り組みが期待されている。

一方、近く本格的に導入される国際会計基準（ＩＦＲＳ）への対応も必要である。たとえば、その基準に近い米国の基準である包括損益という概念・基準に従えば、二〇一一年三月期では為替と株式市場の変動の影響で各社が大幅な減益を余儀なくされ、現行の会計基準に沿った純利益増とは逆の現象が現れている。国際会計基準の導入は、運用次第で商社の信用問題にも影響が及びかねない要素をはらんでいるともいえる。

商社の〝未来予想図〟は、このようにあまりにも変数が多く、正確な絵は描きにくいのが実情だろう。

既述の通り、戦後の商社は合併と統合を繰り返してきた。商社の合併・統合の促進要因は、〝銀・鉄・銅〟ともいえそうである。すなわち、銀はメインバンク、銀行の意向、鉄は鉄鋼メーカーの動向、銅は銅線、ワイヤ、すなわち社内情報システムである。

双日、豊田通商、JFE商事ホールディングス、メタルワン、伊藤忠丸紅鉄鋼など、二〇〇〇年以降新たに出現した商社も、この三つの要因が微妙に重なって統合し実現を果たしたともいえる。このなかでJFE商事ホールディングスは二〇一二年四月から、鉄鋼を主力とするJFEホールディングスが一〇〇パーセント直接出資する形態となり、社名もJFE商事となり、窓口商社としての役割と海外戦略を強化していく。

この観点からいくと、二〇一二年一〇月に予定されている新日本製鐵と住友金属工業との合併・統合は、商社再編へと影響を与えかねない要素をはらんでいる。それは両社と長年取引の続く商社が多いからだ。

まず、両社直系商社である日鐵商事と住金物産の統合は十分に予想されるところだろう。また、安易な予測は慎まなければならないにしても、三菱商事と日商岩井（現 双日）の鉄鋼製品部門が統合し設立されたメタルワンにみられるように、三井物産の鉄鋼製品本部と住友商事の金属事業部門が、形態はどうであれ、統合するパターンの可能性もないとはいえない。

もともと、戦後、財閥解体の後、日本の主要産業界は成長を経て成熟化した産業社会の進行にともない、その業界を構成するおもな企業の〝偶数逓減・進化〟によってその業界が安定する径路をたどってきた。すなわち一〇社↓八社↓六社↓四社↓……といった具合で、総合商社も一九七六年までは一〇社存在したものである。

また、今後は更なるグローバル化が進むなかで、国内の少子高齢化社会の進行にともない、商社の活動がより海外に向かうことも十分にありうる。その場合、地場取引を含む三国間（海外）取引がますます活発化することだろう。

食糧、化学品、エネルギー・鉱物資源などの物財で日本を経由しない外―外取引・貿易などで、商社がワールドバリュー・トレーダーへの道を志向することになろう。厳密な統計はないが、商社の三国間貿易の取扱量と金額は相当多くなっているはずである。そして、商社の海外現地法人にその国の資本が入り、経営トップも外国人というケースも出てくることも考えられる。

一方、今後、収益構造で海外の比重が一層高まることが予想されるが、そうなると移転価格税制や法人税などの課題も生じ、全社的にも、地域別、部門別にも、経理上の最適な本社機能をどこに置くのかという問題が派生してくる。

いずれにしても、わが国日本が生んだ企業モデルの傑作、総合商社がどのように変容していくか興味は尽きない。

終章　7大商社の横顔

グループの中核を担う三菱商事

三菱商事の源流は、一八七〇（明治三）年に土佐・高知藩の岩崎弥太郎が設立した海運業の九十九商会に行き着く。

同商会は、旧三菱財閥のルーツにあたるが、いくどかの改称と組織の改編を経て一八九三年に三菱合資会社となり、財閥の総本社となった。この合資会社の営業部門が一九一八（大正七）年四月に三菱商事として独立し、正式に発足した。岩崎小弥太会長の下、従業員九〇〇名という陣容で二年後にはロンドン、ニューヨーク、パリ、ベルリンなどに支店・出張所を開設している。

注目されるのは、歴代の経営幹部がしばしば言及してきた会社のモットー「三綱領」（所期奉公、処事光明、立業貿易）を、一九三四年に定めていることだ。

以降、取り扱う物資も多様化していき、また三国（外国）間貿易にも進出し、総合商社としての地位を確立していった。しかし戦前の三菱商事のスケールは先輩格である三井物産の後塵を拝していた。

一九四七（昭和二二）年七月、三菱商事はGHQ（連合国軍総司令部）の解体命令によって約一三〇社の群小商社に分かれた。しかし、その後、占領政策の変更など諸情勢の変化、商社再編気運の高まりなどが相乗的に重なり、三菱商事系の群小商社は結集し、不二商事、東京貿易、東西貿易、光和実業（三菱商事）へ統合。そして一九五四（昭和二九）年七月、大合同を果たし、新しく三菱商事が発足したのである。

この背景には、三菱商事関係者の個人よりも組織を重んじる伝統的な社風などの要因が挙げられる。この大合同は成功をおさめ、一時期を除いて今日に至るまで、一貫して商社・貿易界のリーダーとしての位置を占めることとなった。

とくに、戦後三代目の藤野忠次郎社長は、〝あやめ作戦〟と称する社内改革を断行した。社長室会の設置、商品本部制の確立、役員定年制の導入などを行なうと同時に、経営指標でつねに商社で首位に立つことに留意し、今日の礎を築いたのである。

注目されるのは、一九六九年にブルネイLNG社を設立、翌年から年間約三六五万トンのLNGを東京電力、東京ガスなどへ供給を開始したことである。このプロジェクトからの配当収入は経営安定上からもメリットが多く、他社から羨ましがられた。クリーンエネルギーへの挑戦は現在も続いている。プラザ合意の一九八五年には、事業目的のなかに金融業を付け加え、財務セクションのプロフィットセンター化に注力した。

バブル崩壊後の不況期に登場した槙原稔社長（現 特別顧問）は、対外的な諸活動に留意すると同時に、社内に海外要人を加えた国際諮問委員会（ＩＡＣ）の設立を準備するなどグローバル化を促進した。

一九九八年四月に登場した佐々木幹夫社長（現 相談役）は、不況期を乗り越えるため中期経営計画を策定し、営業部門のＢＵ（ビジネスユニット）制導入、新人事・報酬体系への移行、ポートフォリオ戦略推進などを断行した。また、鉄鋼製品部門と旧日商岩井（現双日）の鉄鋼部門を統合し「メタルワン」を設立した。

そして、小島順彦社長（現 会長）の下で、資源価格の高騰もあり好業績へとつながっていく。二〇一〇年六月に就任した小林健社長は、翌月には新中期経営計画を策定する一方、ＭＣグローバル会議、事業戦略会議など社内制度の改革に取り組んでいる。同社長が注目されたのは、一〇〇億円の基金創設や社員のボランティア活動など東日本大震災への取り組みをいち早く決めたことだ。また、チリやペルーでの銅プロジェクトの関与や、カナダでのシェールガス開発権益の確保など大型投資に積極的である。

一方、ＢＲＩＣｓやネクスト・イレブンなどの成長する諸国へ、どのようにより深く商権を築き上げていくのかが注目される。

覇を競う三井物産

三井物産は益田孝（当時二九歳）を総括（社長）とし、一八七六（明治九）年七月に創設された会社である。

職員わずか一六人、数ヵ月後に三井国産方の社員五一人を吸収したが、それを合計しても六七人である。現在でいうベンチャービジネスといっても過言ではない。

創業期の三井物産は、業務の三分の二近くが政府に関係する〝御用商売〟だった。なかでも、①前身会社の先収会社から継承した陸軍省へのラシャ、毛布などの納入、②政府所管のコメの輸出、③官営三池炭鉱の石炭の輸出がおもなものだった。公的側面が強かったといえる。

その後貿易志向を強め、支店・出張所を一八七七年に上海に置いたのを皮切りに、同八〇年代初頭にかけて香港、パリ、ニューヨーク、ロンドン、ミラノなどに開設していった。

こうして成長を遂げた三井物産は、戦前には「トリのエサから軍艦まで」といわれるほど幅広い物財を取り扱うようになっていた。その最盛期の一九四〇年頃は、日本の全輸出高の一三・六パーセント、全輸入の一九・四パーセントを占めた。また、三国間（外国間）貿易の比重も高く、文字通りのワールド・トレーダーの業態だった。また社員の給料は高く、横浜正金銀行（現 三菱東京UFJ銀行）、東京海上（現 東京海上日動火災保険）などと並んでサラリーマンの羨望の的であった。

三井物産は戦後、GHQ（連合国軍総司令部）から一九四七（昭和二二）年七月に解体指令を受け、二〇〇社以上に分散していくことになる。このなかでも、社長水上達三氏らがいた第一物産が次第に力をつけ、一九五一年にはニューヨークに支店を設置した。

その後、財閥復活の気運も高まるなかで一九五九（昭和三四）年二月に、この第一物産を中心に新しい三井物産がスタートした。これは一一年七ヵ月を経ての大合同だった。

一九六五年には八幡製鉄（現 新日鉄）に商権を持っていた木下産商と合併するなど、高度経済成長期に合わせて業容を拡大した。注目されるのは、一九六六年に契約を結び一九六九年から出荷を始めたオーストラリアのマウントニューマンの鉄鉱石開発輸入を手掛けたことだ。利は川上にあり、という現在の同社の収益構造の源を垣間見ることができる。

一九七二年には社内通達で欧米の多国籍企業について触れ、あらためて海外強化を打ち出した。ちなみに現在の三井物産は、六五ヵ国に一四二の事業所（現地法人、支店、事務所）を置いている。

順調に発展を遂げた三井物産だが、戦後最大の難題が一九七〇年代から八〇年代に横たわったＩＪＰＣ（イラン日本石油化学）プロジェクトだった。これが二転三転したため、その都度、三井物産の負担は増大した。結局、一九九〇年に清算という形で終えることになったが、資金、人材などの経営資源が空費されたことになり、業績にも暗い影をもたらした。

その渦中の一九八五年から翌年にかけ、会社の立ち直りを検討し、士気向上を図るために中堅幹部による長期基本戦略タスクフォースが設けられ、以降ほぼ数年おきに形を変えながら設置されている。

二〇〇四年には社内改革を断行、商品別独立採算性を導入した。この間、石油・ＬＮＧのサハリンⅡプロジェクト開発や鉄鉱石のヴァレパール（ヴァーレ、ブラジル）への出資・開発など大型案件に取り組み、その後の資源価格高騰の恩恵を享受することになる。

二〇一〇年五月には、三井物産としては一八年ぶりとなる、日本貿易会（ＪＦＴＣ）会長に槍田松瑩会長が就任した。そして飯島彰己社長のもと、業績も好調で、二〇一二年三月期連結純利益予想を四三〇〇億円とし、三菱商事に二〇〇億円差にまで詰め寄っている。また、社内に「イノベーション推進委員会」を設け、新事業に取り組む方針である。

課題は非資源分野の展開で、ブラジルでの農業生産、マレーシアの病院グループへの投資などに取り組んでいるが、今後さらなる強化策が注目される。

中国に強い伊藤忠商事

伊藤忠商事は、初代となる伊藤忠兵衛が一五歳の時に、大阪を経由し泉州、紀州へ初めて麻布などの持ち下り（行商）を行なった一八五八（安政五）年を会社の創業年と定めている。

伊藤忠兵衛の生家（滋賀県豊郷町）は「紅長」の屋号で、繊維品の小売商を営む、いわゆる近江商人であった。その後、忠兵衛は一八七二（明治五）年、大阪東区本町に呉服太物商「紅忠」を開店し、店法や支配人制度などを定めた。

以降、伊藤忠合名、伊藤忠商事と発展していくなかで、海外では上海、ニューヨーク、ロンドンなどに出張所を置いていった。

一九二一（大正一〇）年には伊藤忠商店と伊藤長兵衛商店が合併し、現在の丸紅のルーツとなる丸紅商店が発足している。その後、戦時体制強化のなかで一九四一（昭和一六）年に伊藤忠商事、丸紅商店、岸本商店が合併して三興が発足、三興が一九四四（昭和一九）年に、大同貿易、呉羽紡績が参加しての大合同を遂げ、大建産業が設立された。

戦後、過度経済力集中排除法によって、一九四九（昭和二四）年に大建産業は伊藤忠商事、丸紅、呉羽紡績、尼崎製釘所の四社に分かれ新しくスタートを切った。

当時、伊藤忠商事の全売上高に占める繊維の比重は八五パーセント以上だった。現在でも世界最大の繊維商社であるのは、このような背景からくるものであろう。一九五一年にはニューヨークに事務所を開設している。

その後一九六〇年代から七〇年代にかけ、わが国産業の重化学工業化と高度経済成長に合わせて、機械・鉄鋼部門の強化を図り、いわゆる総合商社化路線を目指すことになる。これに合わせて、伊藤忠商事は大洋物産、青木商事、森岡興業などの商社を吸収合併し、業容拡大につなげていった。また、一九六九年には創業一〇〇周年に合わせて、本町から御堂筋に移転した大阪本社ビルを完成させた。

ちなみに、二〇一一年八月に大阪本社はＪＲ大阪駅に隣接するノースゲートビルディング（二〇階から二七階）に移転した。繊維部門出身の岡藤正広社長は「私自身、三四年間旧本社ビルで過ごした経験があり、感慨深い」と述べている。

伊藤忠商事で特徴的なことの一つに、戦後初という事例が少なくないことだ。

一九七一年には、世界最大の企業であったアメリカのGM（ゼネラルモーターズ）といすゞ自動車を結び付け、「ガイシ（外資）に強い伊藤忠」として、その後、衛星通信事業やタイムワーナーとの提携への道筋をつくった。

一九七二年に越後正一社長による歴史的な訪中団が組まれ、「中国に強い伊藤忠商事」の先鞭をつけた。一九七七年には鉄鋼、化学品に特色のあった安宅産業を合併、最後の商社大型合併といわれるほど話題となった。一九八五年には東亜石油の株を昭和シェル石油に売却することで、懸案事項から抜け出すことに成功した。

また、丹羽宇一郎社長時代に、総額四〇〇〇億円の不採算資産処理を実施、二〇〇一年には丸紅と鉄鋼部門の合弁商社、伊藤忠丸紅鉄鋼を設立させた。

二〇一〇年四月に登場した岡藤正広社長は、営業部門と総本社部門の抜本的な整理、統合を行ない、業績も好調に推移している。

二〇一二年三月期連結純利益予想を二八〇〇億円とし、三菱商事、三井物産に次ぐ額の過去最高益を見込んでいる。また繊維、食料分野の強さに加え、金属、エネルギー分野への積極的な投融資にも注力する方針である。

独自性を追求する住友商事

ホンダ（本田技研工業）やソニーなどは、戦後わが国の経済成長を象徴してきた企業として有名だが、実質的に戦後にスタートした住友商事こそ、戦後日本の産業発展の軌跡を示した会社だといえる。

住友商事は、一九一九（大正八）年に大阪北港設立を会社の設立年としている。だが実質的には、日本建設産業が設立された一九四五（昭和二〇）年ということもできる。同社はおもに住友系企業の外地からの引揚者、復員兵などの支援雇用のためにつくられ、不動産や関連物資の取り扱いが主たる業務だった。現在、住友商事がビル事業や大型商業施設の開発・運営など、建設・不動産分野に独特の強みを発揮しているのも、こうした経緯によるものだろう。

一九五二（昭和二七）年六月に正式に現社名となった。

その二年前には、最初の海外事務所をインドのボンベイ（現ムンバイ）に置くなど、次第に商社としての体裁を整えていった。当初、住友商事が採った戦略は、鉄鋼・非鉄、機械・電機などを重点分野とし傾注したが、これが、のちのわが国産業の重化学工業化とマッチし、会社の発展に寄与する一因となった。

とくに三代目の津田久社長は、営業部門の商品本部制導入、社内運営方法の改革、他社からの積極的な人材受け入れなどに取り組む一方で、商社系スーパーとして唯一生き残ったサミットの前身会社の設立を一九六三年に行なっている。また一九七〇年には、旧ソ連貿易に地盤を築いていた旧三井物産系の相互貿易を吸収合併した。

津田社長の在任期間の一四年で、売上高で一一位から六位へと躍進を遂げ、社員も三倍以上へと発展したのである。一九七八年には、対外的に住友グループを代表するスミトモ・コーポレーションと英文社名にしたが、実質的に戦後生まれの住友商事がこのような社名を付けることに、戦前から続くほかの住友系企業の抵抗感もあったという。

住友商事にはサミットに限らず、各分野で先鞭を付けるという社風がある。

一九八三年には現在のメディア事業本部や、関連会社のJ：COM（ジュピターテレコム）の前身となるCATV事業推進室を社内に設置している。また、一九八八年には総合事業会社構想を打ち出し、社内に投資事業本部を設立した。従来の貿易商事活動に加えて、事業投融資活動を強化し両輪としていく考え方は、現在の商社の行動を予見した格好となっている。また同じ頃、円高傾向とアジア戦略に対応し、タイをはじめ東南アジアでの工業団地の開発・運営にも進出している。

このように発展を遂げた住友商事であったが、一九九六年六月に元社員による銅不正取引にともなう損失が発覚した。その額は約二八五〇億円にも達した。

「信用を重んじ確実を旨とする」を経営方針としてきた住友商事にとって、信用だけでなく財務上にも大きな打撃となってしまった。しかし一九九八年に、リスク・リターン方式を基軸とする経営計画を策定し、ほかの商社の経営計画にも影響を与えたこの方式をベースに、堅実経営を推進していくことになる。同方式は現行の経営計画「$f(x)$」、エフクロス）でも目標として掲げられている。

住友商事の業態の特徴としては、ほかの大手商社が資源・エネルギー部門の純利益が突出するなかで、金属、輸送機・建機、資源・化学品、それに加えて海外現地法人・海外支店など全部門が比較的バランスのとれた構成になっていることが挙げられる。

今後の課題は、主要取引先の新日本製鐵と住友金属工業が二〇一二年一〇月に合併し、新日鉄住金が発足することである。この課題の取り組み方によっては、商社全体の構造にも大きく影響を与えることになろう。

事業拡大を目指す丸紅

丸紅は伊藤忠商事と同じく、初代の伊藤忠兵衛が近江麻布を持ち下った一八五八(安政五)年を創業年と定めている。

ちなみに、一八七二(明治五)年に大阪に紅忠を開店した際に、暖簾に丸のなかに紅と印したのが現社名の由来となっている。その後、紆余曲折を経て一九二一(大正一〇)年に伊藤忠商店、伊藤長兵衛商店が合併し、丸紅商店としてスタートした。一九四一(昭和一六)年に丸紅商店、伊藤忠商事、岸本商店が合併し三興に、さらに三興と戦時下の一九四四年に、大同貿易、呉羽紡績が大合同し大建産業となった。

戦後の一九四九(昭和二四)年、過度経済力集中排除法により、大建産業は四社に分割、現在の丸紅は旧丸紅商店、大同貿易、岸本商店を母体に発足した。

初代の市川忍社長は「正・新、和」を社是に定め、この思想は現在も続いている。丸紅は輸出、輸入、国内の三本鼎立を根本方針とし、一九五一年には最初の現地法人、丸紅ニューヨーク会社を設立している。

一九五〇年代から六〇年代の丸紅は、高島屋飯田、東通など鉄鋼、機械分野に強い商社を吸収合併し、総合化路線を歩む。併せて旧富士銀行（現 みずほフィナンシャルグループ）をメインバンクとし、日立製作所、日本鋼管（現 JFEホールディングス）、日産自動車など有力企業と「芙蓉会」を形成し、種々の共同事業も進めていった（なお、丸紅の勝俣宣夫会長は現在、日立製作所の社外取締役に就任している）。

このような施策が成功し、三菱商事、三井物産と並んで〝スリーM〟商社として躍進を遂げ、一時は大学生の就職希望会社の第一位に選ばれたこともあった。

しかし、一九七六（昭和五一）年にロッキード事件が発覚。関与した丸紅は大打撃を受け、経営幹部の交代や社会的信用の失墜などの苦境に見舞われた。

その後はそれまでの猛烈経営から堅実な路線を敷き、またプラント輸出や紙・パルプ部門など、得意事業分野の強化に注力していく。そして、二〇〇一年一〇月には、旧川崎製鉄と旧NKKの合併（現 JFEホールディングス）に合わせて、鉄鋼製品部門を伊藤忠商事の同部門と統合させ、伊藤忠丸紅鉄鋼を発足させた。

同年一一月には未曾有の経営危機を乗り切るため、短期計画で約二〇八〇億円のリストラ費用を計上すると公表、再興に向けて懸命の努力が払われた。

二〇〇三年四月に勝俣宣夫社長が登場。策定された二〇〇三年からの中期経営計画「"V" PLAN」の実行で、丸紅は復権への確かな足がかりを得て成長を遂げる。そして朝田照男社長のもとでIPP・電力事業、小麦などの穀物取引、チリでの銅鉱山をはじめとする資源・エネルギー、また紙・パルプなどへも事業拡大を行なっている。

そして、業績回復とともに、財界など社外での存在感も増してきた。現在の課題は、スーパーのダイエー（店舗数二一二以上、丸紅グループ持ち株比率二八・四パーセント強）の企業価値上昇をいかに図っていくかで、行方によっては流通再編につながってくる。

航空機分野に強い双日

旧日商岩井と旧ニチメン（日綿実業）が二〇〇三年から統合・合併の動きを強め、二〇〇五（平成一七）年一〇月に正式に双日として発足したものである。

旧日商岩井の源流は、第一次世界大戦時の好況期に旧三井物産に迫るほど飛躍的に発展した鈴木商店にある。同商店は一九二七年に倒産したが、翌年には日商として発足し、鉄鋼や機械、物資・木材などの分野に特色を持っていた。インドなど海外にも強かった。

また旧岩井産業は、官営八幡製鉄所（現 新日本製鐵）の指定商社としての位置を占めるなど、鉄鋼分野に特色があった。この両者は一九六八年に合併し、日商岩井として四〇年近く存続し、航空機や船舶木材などに特色を持つ大手商社として知られた。二〇〇三年には鉄鋼部門が分離、三菱商事の鉄鋼製品部門と統合し、鉄鋼専門商社のメタルワンを発足させた。

一方ニチメンは、一八九二（明治二五）年に在阪の紡績各社を主として、綿花を輸入する日本綿花を設立したことに始まる。

一九六〇年には、大手商社のなかで最も早く日中友好商社の指定を受け、対中ビジネスに意欲を示した。また繊維、化学品、物資などに強く、三国間貿易に特色を持った貿易商社らしさを発揮した。

この両者は長く旧三和銀行（現 東京三菱ＵＦＪ銀行）を共通のメインバンクとし、しかも建材などでの共同事業もあり、統合・合併の素地は形成されていた、というべきだろう。

最近、とくに双日が注目されるのは、各種ハイテク製品に必須のレアアース（希土類）の輸入メジャーとしての地位を高めていることで、中国、エストニアからの輸入に加えてオーストラリアのライナス社への投融資を決めている。また地域重点戦略としてベトナムやインドなどのアジアに加えて、アンゴラで肥料原料プラントを受注するなどアフリカ重点策を打ち出しており、駐在員の増員なども積極的に行なっている。

また双日にとって、二〇一一年九月二八日は記念すべき日となった。旧日商岩井時代から四〇年以上も提携関係にあるボーイング社（アメリカ）が開発した、最新中型旅客機「787」（ドリームライナー）の一号機が、羽田空港に到着したからである。同機は全日空（ANA）が就航させており、今後五五機以上の導入を予定している。日本航空（JAL）も五機以上の採用が予定されている。なお、双日は二〇一二年四月から佐藤洋二副社長が社長に昇格する。また同年夏には、本社の社屋を東京都港区から千代田区内幸町の新飯野ビルに移す予定である。

本籍・トヨタ、現住所・商社の豊田通商

豊田通商は、トヨタ自動車の車の販売金融を目的として、一九三六（昭和一一）年に設立されたトヨタ金融を源流としている。

戦後の一九四七（昭和二二）年にトヨタ金融は第二次財閥指定を受け、そのため一旦解散。翌年に同社は豊田産業の商事部門を継承し、社名も日新通商としてスタート。一九五六（昭和三一）年に現社名となり、メーカー系商社として業容を拡大していった。

そして、二〇〇〇年にトーメンと資本・業務提携を行ない、二〇〇六（平成一八）年四月に正式に合併、総合商社としての位置を占めるようになった。

旧トーメンの源流は、一九二〇（大正九）年に旧三井物産棉花部から独立したもので、戦後、機械や化学品、食料などの分野を拡大し総合商社化した。それにともない一九七〇年に社名もカタカナに変更した。


現在の豊田通商は、トヨタ自動車が発行株の二二パーセント強を保有する大株主であり、売上高に占めるトヨタ自動車グループの割合は約一四パーセントと比較的高い。また、経営幹部はトヨタ自動車からの移籍も少なくない。こうしたことから豊田通商の事業は、自動車関係が基盤を成している。しかしその業態は、金属、機械・エレクトロニクス、自動車・関連製品、エネルギー・化学品、食料、生活産業・資材など多分野にわたっており、総合商社としての体裁を整えている。

具体的には、レアアースの輸入、資源開発への参画、マグロの養殖、インドネシアでの工業団地建設、福岡県での大型商業施設の開発・運営など幅広く手掛けている。

二〇一一年六月に新たに登場した加留部淳社長は、新しい長期経営計画及び理念・ビジョンを策定している。そのなかで重視されている三つの分野は、①モビリティ分野。次世代の自動車の進化に貢献する事業分野、②ライフ&コミュニティ分野。生活環境の向上に貢献する分野、③アース&リソース分野。地球が抱える課題の解決に貢献する分野、としている。そして、二〇一五年には自動車分野と非自動車分野の収益バランスが五〇対五〇の実現を目指す、としている。

二〇二〇年にはこの三分野の事業ポートフォリオを一対一対一の割合とすることで、「人、社会、地球との共存共栄をはかり、豊かな社会づくりに貢献する価値創造企業」の理念の実現に向けて、動き出そうとしている。

あとがき

総合商社（ソーゴーショーシャ）。この何ともいえない不思議な語感と、掴みどころのない企業形態……。

だが、総合商社は、大学生の就職希望人気企業ランキングで常に上位を占め、また、多くの物書きの興味を惹きつけてやまない。筆者もそのなかの一人で、過去数冊の商社モノに挑んできた。しかし、複雑な機能を発揮し、国内外で多様な事業を展開している総合商社に立ち向かうことは、もともとドン・キホーテにも似た行為であったのかもしれない。

取材や調査を進めるたびに、このような気持ちが募ったものだ。しかも始末の悪いことに、この総合商社は日々刻々姿を変え、近年になるに従い、そのスピードを増しているのだ。

小著も例外ではなく、勃興から二〇一一年までに起きた事象を中心に描いたつもりだが、むろんすべてをカバーし切れていない。内容的にもあるいは古いものがあるのかもしれない。それは商社の動きがそれだけ早いということの表れでもある。

総合商社は、ＢＲＩＣｓ諸国をはじめとした新興国の台頭によって世界的な資源価格高が本格化した二〇〇四年あたりから、急速に業績が好転し、今は〝盛夏の時代〟ともいえる。上位を占める大手商社は、軒並み四桁の連結純利益を上げ、とくに覇を競う三菱商事、三井物産は五〇〇〇億円も視野に入ってきた。〝商社・冬の時代〟や〝商社・不要論〟が喧伝されたひところを思い起こせば、まさに隔世の感がする。むろん資源価格高騰の恩恵ばかりではなく、各商社がバリューチェーンの構築や社会インフラ分野への参入、さらには社内の諸制度を整備してきたことも見逃せない。

また最近の特徴として、単なる商事貿易会社から資源分野を中心に投融資事業会社的な側面が強くなり、それだけ各社のポートフォリオ戦略が重要性を持つようになってきたことも重要な点である。そして海外戦略においても、中国を含むアジア地域の重点化がますます強まり、現地社員の増加という形でも現われている。また本文でも触れたが、国内外で多くの事業を展開する商社は、常に物理的・人為的リスクにさらされてきた。

二〇一一年三月一一日に発生した東日本大震災は、商社へも少なからず爪痕を残したが、地震発生直後には政府及び電力会社からLNGや重油などエネルギー源の緊急調達の要請があり、各商社がこれに素早く応じた。また、この未曾有の危機に対して各商社がもろもろの支援策をいち早く立ち上げ、実行に移したことは社会的にも高く評価されている。商社の社会的、公的な活動が活発になるに従い、政官財各界を含めて商社の各方面での存在感が、かつてない高まりをみせている。

影響力を高めた商社が、どこに向かい、そして何を目指そうとしているのかは関心があるところだが、わが国の少子高齢化社会の進行、新興国の台頭、新日鉄住金に代表される産業再編の動向など、あまりにも与件が多すぎて明確には判然としない。しかし、日本が基本的に加工貿易立国であり、また世界的な人口爆発による各種の資源、工業原材料、食糧の需要増、と同時に社会インフラ拡充の動きもあり、商社の活躍する場面は着実に広がっている。〝商社・フェニックス論〟をいうつもりはないが、総合商社はこれからも姿を変えながら時代を引っ張っていくことだろう。

本は著者のみで出来上がるものではない。取材やアニュアルレポートをはじめ資料面でお手数をおかけした各商社の関係者、とくに広報部の方々にお礼を申し上げたい。
そして時にくじけそうになった筆者を、温かくリードして頂いた平凡社新書編集部の和田康成氏にはお世話になった。この場を借りて感謝を申し上げたい。

二〇一二年三月

久保巖

【著者】
久保巖（くぼ いわお）
1942年福岡県生まれ。早稲田大学商学部卒業。経済評論家・ジャーナリスト。国際経済や商社、金融をおもなテーマに各紙・誌で活動。日本貿易学会会員。著書に、『世界の巨大企業――その全貌と対日包囲網』（廣済堂出版）、『YENの軌跡』『三菱商事21世紀“新機能”経営への挑戦』（ともに実業之日本社）、『図解 商社業界ハンドブック』（東洋経済新報社）、『世界財閥マップ――グローバル経済を動かすパワー総覧』（平凡社新書）ほか多数。

平凡社新書638

日本の7大商社
世界に類をみない最強のビジネスモデル

発行日――2012年5月18日　初版第1刷
2012年6月20日　初版第2刷

著者――久保巖

発行者――石川順一

発行所――株式会社平凡社
東京都千代田区神田神保町3-29　〒101-0051
電話　東京（03）3230-6580［編集］
東京（03）3230-6572［営業］
振替　00180-0-29639

印刷・製本―図書印刷株式会社

装幀――菊地信義

ISBN978-4-582-85638-5
NDC分類番号335.4　新書判（17.2cm）　総ページ224
平凡社ホームページ　http://www.heibonsha.co.jp/